Anna M. Sommer

Selbstregulation für Kinder

Impulse steuern, Gefühle verstehen und starke Kinder bei Wutanfällen und emotionalen Herausforderungen mit praktischen Alltagsübungen unterstützen

Impressum

Titel*: Selbstregulation für Kinder - Impulse steuern, Gefühle verstehen und starke Kinder bei Wutanfällen und emotionalen Herausforderungen mit praktischen Alltagsübungen unterstützen*

Autorin: Anna M. Sommer

Copyright: © 2025 Anna M. Sommer

Alle Rechte vorbehalten.

Verlag: BoD · Books on Demand GmbH, Uberseering 33, 22297 Hamburg. bod@bod.de

Druck: Libri Plureos GmbH, Friedensallee 273, 22763 Hamburg

ISBN: 978-3-8192-4905-1

Covergestaltung & Buchsatz: Anna M. Sommer

Erstveröffentlichung: Juni 2025

Haftungsausschluss

Dieses Buch ersetzt keine medizinische, psychologische oder psychotherapeutische Beratung oder Behandlung. Die Inhalte dienen ausschließlich der allgemeinen Information und Selbstreflexion. Die Anwendung der vorgestellten Inhalte erfolgt eigenverantwortlich. Die Autorin übernimmt keine Haftung für etwaige Folgen.

Personen mit gesundheitlichen oder psychischen Beschwerden wird geraten, qualifizierte medizinische Fachpersonen zu konsultieren.

Inhaltsverzeichnis

Einleitung

Warum Selbstregulation so wichtig ist

Stell dir vor, ein Kind steht mitten im Supermarkt, die bunten
Regale voller Versuchungen, fremde Stimmen ringsherum,
grelles Licht – und dann sagt Mama plötzlich „Nein" zum
Schokoriegel. Innerhalb von Sekunden wird aus einem
fröhlichen kleinen Menschen ein tobender Vulkan. Tränen, Wut,
vielleicht sogar ein auf dem Boden strampelndes Kind. Für viele
Eltern Alltag. Für das Kind aber ein innerer Notfall.

Selbstregulation ist die Fähigkeit, in solchen Momenten mit
starken Gefühlen, Impulsen und innerer Überforderung
umzugehen – sie zu spüren, ohne davon überwältigt zu werden.
Es geht nicht darum, Emotionen zu unterdrücken. Ganz im
Gegenteil: Kinder sollen fühlen dürfen – aber sie dürfen auch
lernen, wie sie ihre Gefühle ausdrücken, regulieren und
allmählich steuern können.

Doch diese Fähigkeit fällt nicht vom Himmel. **Selbstregulation
ist kein angeborenes Talent,** sondern ein **Reifungsprozess,** der
durch Beziehung, Vorbilder und Alltagserfahrungen erlernt
wird. Die ersten Jahre sind entscheidend – und Eltern spielen
dabei eine zentrale Rolle.

Wenn ein Kind lernt, sich selbst zu regulieren, gewinnt es:

- **Emotionale Sicherheit**

- **Soziale Kompetenzen**

- **Lernfähigkeit und Konzentration**

- **Ein starkes Selbstwertgefühl**

Fehlt diese Fähigkeit, erleben wir im Alltag häufiger:

- Wutausbrüche, Rückzug, Reizüberflutung

- Erhöhte Konflikte mit Geschwistern oder Gleichaltrigen

- Schwierigkeit, sich auf Aufgaben einzulassen

- Überforderung in Kindergarten oder Schule

Kinder, die sich nicht regulieren können, sind keine „ungezogenen" Kinder – sondern oft überreizte, überforderte, unverstandene Kinder.
Und genau hier setzt dieses Buch an: **Es geht nicht um Erziehung, sondern um Entwicklung.** Nicht um Kontrolle, sondern um liebevolle Begleitung.

Was Eltern wirklich wissen müssen

Wenn dein Kind scheinbar grundlos ausrastet, sich auf den Boden wirft oder vor Wut Dinge wirft – dann hast du nicht versagt.

Und dein Kind ist auch nicht „zu wild", „zu empfindlich" oder „nicht erzogen". Es ist einfach noch nicht so weit. Noch nicht reif genug, um sich selbst zu regulieren.

Was viele Eltern nicht wissen:
Die Fähigkeit zur Selbstregulation entwickelt sich erst im Laufe der Kindheit – und zwar in engen Schritten, die maßgeblich vom Nervensystem, den Erfahrungen im Alltag und vor allem von den emotionalen Bezugspersonen geprägt werden.

Ein Kind kann sich nicht „zusammenreißen", wenn sein Gehirn im Ausnahmezustand ist.

Es kann auch nicht „ruhig bleiben", wenn es noch nie gelernt hat, wie das überhaupt geht.

Was Eltern jedoch tun können – und das ist kraftvoll – ist:

- das Kind zu *co-regulieren*, also es mit ihrer eigenen Ruhe zu begleiten, bis es sich selbst beruhigen kann

- ihm Sprache für seine Gefühle zu geben

- es liebevoll anleiten, wie man Impulse steuern und Spannungen abbauen kann

Dieses Buch möchte dir zeigen:
Du musst kein perfekter Elternteil sein – sondern ein präsenter.

Es geht nicht darum, immer alles richtig zu machen, sondern deinem Kind Werkzeuge an die Hand zu geben, mit sich selbst besser umzugehen. Du begleitest, erklärst, stärkst – in kleinen Momenten, die große Wirkung entfalten.

So nutzen Sie dieses Buch

Das Buch ist in fünf zentrale Teile gegliedert, die jeweils aufeinander aufbauen – aber auch unabhängig voneinander gelesen werden können.

- **Teil 1** erklärt die Gefühlswelt deines Kindes – leicht verständlich und kindgerecht.

- **Teil 2** zeigt dir, wie du Impulse liebevoll steuern hilfst, ohne Strafen oder Druck.

- **Teil 3** gibt dir konkrete Werkzeuge an die Hand für die schweren Momente – Wutanfälle, Trotz, Tränen.

- **Teil 4** ist dein Übungsteil für den Alltag: voller Spiele, Methoden und Rituale.

> Du darfst in diesem Buch blättern, dich inspirieren lassen, Passendes markieren, ausprobieren, weglegen und wieder hervorholen. Es ist ein Begleiter, kein Lehrplan.
> Und vor allem: **Es nimmt dich ernst.**
> Denn du bist nicht allein.

Teil 1: Gefühle verstehen – der erste Schritt zur Selbstregulation

1. Was sind Gefühle überhaupt?

Gefühle sind wie das Wetter in uns.

Manchmal scheint die Sonne, plötzlich zieht ein Sturm auf, dann wieder wird es still und grau. Kinder erleben diese inneren Wetterwechsel oft intensiver, unmittelbarer und unausweichlicher als Erwachsene.

Sie haben noch kein inneres Dach gebaut, keinen Regenschirm, keinen Kompass – nur den Sturm selbst.

Was ist ein Gefühl eigentlich?

Ein Gefühl ist eine Reaktion des Körpers auf eine innere oder äußere Situation. Es ist *nicht falsch, nicht schlecht, nicht zu viel –* sondern ein inneres Signal, das uns etwas sagen will.

Manche Gefühle sagen: *„Ich brauche Nähe."*

Andere sagen: *„Ich fühle mich bedroht."*

Wieder andere: *„Ich bin überfordert, hilf mir!"*

Für Kinder sind Gefühle **keine abstrakten Konzepte**, sondern *körperlich spürbare Zustände*.

– Wut fühlt sich an wie ein heißer Drache im Bauch.

– Angst kribbelt in den Beinen oder schnürt die Kehle zu.

– Traurigkeit ist ein Kloß im Hals oder ein schweres Herz.

Doch ohne Worte, ohne Orientierung, sind diese Empfindungen erst einmal überwältigend.

Viele Kinder reagieren mit körperlichen Ausbrüchen, weil sie keine andere Strategie haben.

Das bedeutet: **Ein Kind, das schreit, wirft oder haut, fühlt oft einfach nur stark – und ist überfordert mit diesem Gefühl.**

Gefühle sind Botschaften, keine Gegner

Wir leben in einer Gesellschaft, in der Gefühle oft bewertet werden:
Freude ist „gut". Wut ist „schlecht". Traurigkeit soll schnell weggehen.
Doch Kinder spüren schnell: *Manche Gefühle darf ich zeigen, andere lieber nicht.*

Das Problem dabei ist: Wenn Kinder lernen, dass bestimmte Gefühle unerwünscht sind, *lernen sie nicht, mit ihnen umzugehen* – sondern nur, sie zu unterdrücken.
Und was unterdrückt wird, sucht sich später andere Wege: in Rückzug, Wutausbrüchen, psychosomatischen Symptomen.

Selbstregulation beginnt dort, wo ein Gefühl gesehen, benannt und verstanden wird.
Deshalb brauchen Kinder nicht nur Halt – sie brauchen auch *Worte für ihre Gefühle.*
Sie brauchen Erwachsene, die sagen:

- „Ich sehe, dass du gerade sehr wütend bist."

- „Du hast dich erschrocken, stimmt's?"

- „Es ist okay, traurig zu sein."

- „Dein Körper will gerade etwas ganz laut sagen – lass uns gemeinsam zuhören."

Warum Kinder ihre Gefühle nicht selbst regulieren können

Die Fähigkeit, ein starkes Gefühl wahrzunehmen, innezuhalten und es in Worte oder Handlungen zu übersetzen, ist **eine reife Leistung des Gehirns.**

Genauer gesagt: des präfrontalen Kortex – ein Teil des Gehirns, der bei kleinen Kindern erst noch wächst.

Das bedeutet:

Ein Kind *kann* sich gar nicht selbst beruhigen, wenn es wütend, traurig oder überfordert ist.

Es braucht einen Menschen, der mit ihm durch das Gefühl geht. Nicht dagegen.

Wir nennen das: **Co-Regulation.**

Ein Kind lernt Selbstregulation nicht durch Erklärungen oder Konsequenzen – sondern durch das Erleben von Sicherheit im Kontakt.

Wenn wir ruhig bleiben, obwohl das Kind stürmt.

Wenn wir Halt geben, ohne zu drohen.

Wenn wir sagen: *„Ich bin da."*, selbst wenn wir innerlich selbst überfordert sind.

So entsteht in kleinen Schritten:

- Vertrauen ins eigene Gefühl

- Mut, sich zu zeigen

- Und später die Fähigkeit, sich selbst zu halten

Gefühle sind wie Wellen – wir lehren Kinder das Surfen

Stell dir Gefühle wie Wellen vor:

Sie kommen, sie steigen an, sie brechen, sie ziehen sich zurück.

Ein Kind, das Selbstregulation lernt, lernt nicht, die Wellen zu stoppen –

sondern auf ihnen zu reiten.

Es lernt:

- *„Ich bin nicht mein Gefühl."*

- *„Das Gefühl geht vorbei."*

- *„Ich kann etwas tun, um damit umzugehen."*

Und wir als Eltern, als Begleiter, als Leuchtturm in der Brandung – wir dürfen ihnen zeigen, wie das geht.

2. Warum Kinder nicht „ausrasten", sondern überfluten

Wenn dein Kind wütet, schreit, um sich schlägt oder sich in einem Wutanfall komplett verliert, sagen viele Menschen: *„Das Kind rastet aus."*

Doch was hier wirklich passiert, ist **keine Absicht**, kein „Ungehorsam", kein Charakterproblem –

sondern ein innerer **Überflutungszustand**. Das Kind wird von Emotionen überschwemmt, ohne Rettungsring.

Was bedeutet emotionale Überflutung?

Emotionale Überflutung meint einen Zustand, in dem das Gehirn des Kindes **überlastet ist mit Eindrücken, Reizen, Gefühlen und Stressreaktionen.**

Der Verstand ist dabei kurzzeitig „offline" – das bedeutet, rationale Entscheidungen, Sprache, Zuhören oder Selbstkontrolle sind in diesem Moment **nicht mehr möglich.**

Das Kind *funktioniert* nicht mehr – es *reagiert nur noch.*
Schnell. Laut. Ungebremst.
Und genau das wird oft missverstanden.

Was passiert im Gehirn bei Überflutung?

Um zu verstehen, warum Kinder so reagieren, hilft ein Blick ins Gehirn.

Hier eine einfache Darstellung:

Gehirnbereich	Funktion bei Regulation	Bei Überflutung passiert ...
Amygdala	„Alarmanlage": registriert Gefahr	schlägt Alarm – auch bei kleinen Auslösern
Hippocampus	speichert Erfahrungen	wird überfordert, ordnet Situation nicht richtig ein
Präfrontaler Kortex	logisches Denken, Impulskontrolle	ist „offline" – keine Selbststeuerung mehr möglich
Kleinhirn & Stammhirn	Bewegungsimpulse, Fluchtreaktion	übernimmt – Kampf, Flucht oder Erstarrung

Kurz gesagt:
Das Kind ist in einem **Notfallmodus**. Kein Trotz. Keine Manipulation. Ein innerer Alarmzustand.

Typische Auslöser für Überflutung

Viele Situationen, die für uns harmlos erscheinen, können für Kinder eine emotionale Überflutung auslösen:

- zu viele Reize (z. B. Geräusche, Hektik, grelles Licht)

- Übergänge (z. B. vom Spielplatz ins Auto)

- Kontrollverlust (z. B. „Du darfst das jetzt nicht")

- Hunger, Müdigkeit, Erschöpfung

- emotionale Verletzungen (z. B. Ablehnung durch andere Kinder)

- Unerfüllte Bedürfnisse (z. B. Nähe, Zugehörigkeit, Autonomie)

Wichtig zu verstehen:
Für Kinder ist jede dieser Situationen eine potenzielle „große Sache" – weil ihr Nervensystem noch nicht ausgereift ist, um innere Zustände selbstständig zu regulieren.

Checkliste: Ist mein Kind überflutet?

Eltern berichten oft: *„Es war, als wäre er gar nicht mehr er selbst."*
Das ist ein deutliches Zeichen für emotionale Überflutung.

Hier eine Übersicht typischer Anzeichen:

Anzeichen im Verhalten	Bedeutung
Schreien, Kreischen, Weinen	Ausdruck von emotionaler Überlastung
Wegstoßen, Hauen, Beißen	körperlicher Ausdruck von innerem Stress
Kein Augenkontakt	Rückzug ins „Überlebensmodus"
Nicht ansprechbar	präfrontaler Kortex ist deaktiviert

Anzeichen im Verhalten	Bedeutung
„Abschalten" oder Stillwerden	Erstarrungsreaktion bei Überwältigung
Atem wird schnell/flach	Körper ist im Flucht-/Kampfmodus

Wenn du das erkennst, bedeutet das vor allem eins: **Dein Kind braucht jetzt keine Erziehung – es braucht Schutz.**
Einen sicheren Rahmen, eine ruhige Bezugsperson, weniger Worte – mehr Dasein.

Was hilft in solchen Momenten?

Der Weg durch einen Überflutungszustand ist nie der, das Kind „zu beruhigen", damit es „funktioniert" –
sondern **es durch das Gefühl zu begleiten**, bis es von selbst abebbt.
So wie ein Sturm, den wir nicht wegpusten können – aber unter dem wir gemeinsam Schutz suchen.

Hier sind konkrete Strategien für Eltern:

✔ **DO:**

- **Weniger reden, mehr Körperkontakt (wenn erlaubt)**

- Ruhige Stimme: „Ich bin da."

- Blickkontakt suchen – aber nicht erzwingen

- In der Nähe bleiben, auch wenn das Kind schreit

- Tief durchatmen – du regulierst mit deiner eigenen Ruhe

- Reizquellen reduzieren (Licht, Geräusche, Menschen)

✕ DON'T:

- Mit Erklärungen oder Belehrung reagieren („Das muss jetzt aber nicht sein!")

- Drohen, Strafen, Druck ausüben

- Kind alleine lassen („Dann bleib halt hier!")

- Abwerten („Du bist so peinlich!")

Eltern als Anker in der Welle

Selbst wenn dein Kind tobt, schubst oder schreit – es sieht dich.
Es nimmt deine Körpersprache wahr, deine Energie, deinen Atem.
In dem Moment, in dem du ruhig bleibst, obwohl es stürmt, **lernt es**:
„Gefühle können groß sein – aber sie zerstören nichts."
„Ich darf überflutet sein – und komme wieder an Land."

Das ist der Kern von Selbstregulation:
Nicht das Gefühl wegmachen, sondern **durch das Gefühl hindurch wachsen.**

3. Die wichtigsten Grundgefühle erkennen und benennen

Wenn ein Kind lernt, seine Gefühle zu erkennen und in Worte zu fassen, ist das ein riesiger Entwicklungsschritt.
Denn: **Was ich benennen kann, kann ich auch besser regulieren.**

Kinder, die wissen, *„Ich bin traurig"*, hauen seltener.
Kinder, die sagen können, *„Ich bin enttäuscht"*, müssen nicht schreien.
Doch bis dahin ist es ein Weg – ein Weg, den wir als Eltern mit Worten, Bildern und liebevoller Präsenz begleiten dürfen.

Welche Grundgefühle gibt es?

Die Forschung zu Gefühlen ist vielfältig, doch die meisten Modelle gehen von **6 bis 8 sogenannten Basis- oder Primärgefühlen** aus. Sie sind universell, angeboren und kulturunabhängig – und bilden die Grundlage für komplexere Emotionen.

Grundgefühl	Körperliches Empfinden	Typische Reaktion beim Kind
Wut	Hitze, Spannung, Bewegungsdrang	Schreien, hauen, treten, stampfen
Angst	Zittern, schneller Herzschlag, Enge	Weinen, festhalten, verstecken

Grundgefühl	Körperliches Empfinden	Typische Reaktion beim Kind
Traurigkeit	Schwere im Körper, Leere, Müdigkeit	Rückzug, Weinen, stille Trauer
Freude	Leichtigkeit, Lächeln, Bewegung	Lachen, hüpfen, Redefreude
Ekel	Würgereflex, Nase rümpfen, Rückzug	Ablehnung, Gesicht verziehen
Überraschung	Herzklopfen, Innehalten	Weite Augen, erstarren, staunen
Scham	Hitze im Gesicht, Vermeiden von Blickkontakt	Verstecken, klein machen, verstummen
Interesse	Neugier, offene Haltung, innere Aktivierung	Fragen stellen, beobachten, zuhören

Diese Gefühle *existieren bereits bei Kleinkindern* – doch sie wissen nicht, wie sie heißen.

Das dürfen sie von uns lernen.

Warum ist Benennen so wichtig?

Wenn ein Kind mitten in einem Gefühlssturm steckt, braucht es nicht sofort Lösungen – sondern **Resonanz**. Es will verstanden werden. Und Worte helfen dabei, den inneren Zustand zu sortieren.

Beispiel:
Ein Kind wirft seinen Teller, weil es statt Spaghetti Kartoffeln bekommt.
– Statt: *„Jetzt hör auf zu spinnen!"*
– Besser: *„Du bist wütend, weil du dir etwas anderes gewünscht hast."*

Das ist kein „Verständnis zeigen fürs Werfen" – sondern:
Gefühle spiegeln, Verhalten führen.

Gefühle sichtbar machen – mit Bildern & Symbolen

Gerade bei jüngeren Kindern (ca. 2–6 Jahre) ist das sprachliche Benennen oft noch schwierig. Hier helfen **bildhafte Werkzeuge**, um über Gefühle zu sprechen:

Methode	Beschreibung	Vorteil
Gefühlekarten	Karten mit Gesichtern + Emotionen	Kind kann zeigen, was es fühlt
Emotionsbarometer	Skala von 0 (ruhig) bis 10 (außer sich)	Kind lernt, Intensität einzuschätzen
Gefühlekiste	Symbole oder Gegenstände für jedes Gefühl	Spielerischer Zugang zu abstrakten Zuständen

Methode	Beschreibung	Vorteil
Bilderbücher über Gefühle	Geschichten, in denen Figuren Emotionen erleben	Kind erkennt sich wieder – Gesprächsanlass

Diese Materialien fördern das, was Fachleute „emotionale Alphabetisierung" nennen:

Das Kind entwickelt ein Vokabular für sein Innenleben.

Oft fehlt Eltern im entscheidenden Moment das passende Wort. Hier ein paar Sätze, die du in Alltagssituationen nutzen kannst:

Wut:

- „Du bist wütend, weil du das nicht wolltest."

- „Da ist ein ganz starker Ärger in dir – ich sehe das."

- „Dein Körper ist ganz aufgebracht. Wollen wir mal hören, was er sagen will?"

Angst:

- „Du hast dich erschrocken, stimmt's?"

- „Manchmal fühlt sich Angst an wie ein Sturm im Bauch."

- „Ich bin da – wir schaffen das zusammen."

Traurigkeit:

- „Du bist traurig, weil etwas weh tut – innen drin."

- „Das darfst du fühlen. Ich halte dich."

- „Es ist okay, traurig zu sein – du musst nicht stark sein."

Freude:

- „Ich sehe, wie sehr du dich freust!"

- „Das ist ein Glücksmoment, oder?"

- „Deine Freude steckt mich richtig an!"

💡 Sprich mit deinem Kind **nicht nur in Krisen über Gefühle**, sondern auch im Alltag:
„Was hat dir heute Freude gemacht?" oder „Gab es heute einen kleinen Ärger?"

Wie lernen Kinder, Gefühle zu unterscheiden?

Ein Kind lernt durch Wiederholung, Erfahrung und Vorbilder. Wenn du Gefühle benennst, erklärst, spiegelst – entsteht im Gehirn des Kindes **eine Verknüpfung** zwischen Gefühl, Körperempfinden und Wort.

Das ist wie ein inneres Wörterbuch, das langsam wächst.

Entwicklungsalter	Fähigkeit
2–3 Jahre	erste Gefühle benennen: „wütend", „traurig", „glücklich"
4–5 Jahre	einfache Gründe erkennen: „Ich bin traurig, weil …"
ab 6 Jahren	mehrere Gefühle gleichzeitig spüren & benennen möglich

Aber: Jedes Kind entwickelt sich unterschiedlich. Druck bringt nichts. **Geduld, Resonanz und Sicherheit bringen alles.**

Ein Kind, das sich ausdrücken darf, muss nicht schreien

Wenn du deinem Kind hilfst, seine Gefühle zu erkennen, zu benennen und auszudrücken, **veränderst du nicht nur sein Verhalten – du stärkst seine Persönlichkeit.**
Es lernt:

- *„Ich darf fühlen."*

- *„Ich darf sein, wie ich bin."*

- *„Ich werde verstanden – und kann mich auch selbst besser verstehen."*

Das ist der Anfang von echter Selbstregulation.
Nicht durch Verbote. Sondern durch Verbindung.

4. Der innere Vulkan: Wie Wut entsteht

Wut ist laut. Wut ist wild. Wut ist unbequem.
Wut ist das Gefühl, das Eltern am häufigsten zur Verzweiflung bringt –
und gleichzeitig das Gefühl, das Kinder am dringendsten brauchen, um sich selbst zu behaupten, abzugrenzen und ihre innere Kraft zu entdecken.

Doch: Wut macht Angst.
Vor allem dann, wenn sie ungefiltert, heftig oder unkontrollierbar auftritt.
Viele Erwachsene haben nie gelernt, wie gesunde Wut eigentlich aussieht – und geben diese Unsicherheit unbewusst an ihre Kinder weiter.
Dieses Kapitel hilft dir, die kindliche Wut **neu zu verstehen** – und dich in Momenten der Eskalation **neu zu positionieren**: nicht als Gegner, sondern als Begleiter.

Warum Wut kein Problem ist – sondern eine Kraft

Wut gehört zu den **Grundgefühlen**, die uns evolutionär schützen sollen.
Sie entsteht immer dann, wenn ein inneres Bedürfnis *blockiert*, *verletzt* oder *nicht gesehen* wird.

Bedürfnis verletzt	Typische Wutauslöser beim Kind
Autonomie	„Ich will das aber alleine machen!"
Aufmerksamkeit	„Du hörst mir nie zu!"

Bedürfnis verletzt	Typische Wutauslöser beim Kind
Gerechtigkeit	„Das ist unfair!"
Zugehörigkeit	„Ich will nicht ausgeschlossen sein!"
Körpergrenzen	„Fass mich nicht an!"

💡 Wut zeigt also:

„Etwas stimmt für mich nicht – und ich will das ändern."

Sie ist ein Schutzsignal. Eine Alarmleuchte. Kein Fehlverhalten.

Was passiert bei Wut im Körper?

Wenn ein Kind wütend wird, läuft im Gehirn ein automatischer Prozess ab:

Bereich des Nervensystems	Reaktion bei Wut
Amygdala (Gefahrendetektor)	registriert Bedrohung → Alarm
Stresshormone (Cortisol, Adrenalin)	steigern Puls, Atmung, Muskelspannung
Präfrontaler Kortex (Kontrollzentrum)	wird deaktiviert → kein logisches Denken
Sympathikus (Aktivierungsmodus)	Körper geht in Kampf-/Fluchtreaktion

Das Ergebnis:

- das Kind *kann nicht zuhören*,

- es *kann nicht nachdenken,*

- es *kann sich nicht selbst beruhigen.*

Der berühmte „innere Vulkan" ist keine Metapher – sondern ein neurobiologischer Ausnahmezustand.

Die 5 Phasen eines Wutausbruchs

Viele Eltern erleben Wutanfälle als plötzliche Explosion – doch tatsächlich läuft ein Wutausbruch oft in Phasen ab. Wenn wir sie kennen, können wir *früher* begleiten und *besser* unterstützen.

Phase	Was passiert?	Was hilft?
1. Anspannung	Kind wirkt gereizt, unruhig, widerspenstig	Körpersprache wahrnehmen, ruhig bleiben
2. Auslösung	„Trigger" trifft das Kind (z. B. Verbot)	Wenig reden, klare aber sanfte Reaktion
3. Eskalation	Schreien, Hauen, Weglaufen	Sicherheit geben, ggf. schützen, nicht diskutieren
4. Entladung	Weinen, Erschöpfung, Zusammenbruch	Nähe anbieten, Körperkontakt, Atmen helfen
5. Integration	Kind wird ruhiger, sucht Kontakt	Reflektieren, benennen, Trost geben

Achtung: Nicht jede Wut durchläuft alle Phasen sichtbar. Je nach Temperament und Situation kann eine Phase übersprungen oder besonders stark ausgeprägt sein.

Typische Sätze, die Wut *nicht* helfen – und bessere Alternativen

Klassischer Satz	Wirkung auf das Kind	Besser wäre …
„Jetzt beruhig dich endlich!"	Kind fühlt sich nicht verstanden	„Dein Gefühl ist gerade sehr groß – ich bin da."
„Wenn du so weitermachst …!"	Drohung, Stress	„Ich bleibe bei dir, bis es dir wieder besser geht."
„Du bist so aggressiv!"	Beschämung	„Dein Körper zeigt dir, dass etwas nicht stimmt."
„Geh in dein Zimmer!"	Alleinlassen in der Überforderung	„Komm, wir atmen zusammen."

Ziel ist nicht das *Verhindern* der Wut – sondern das *Begleiten* in der Wut.

Werkzeuge für den Umgang mit Wut

Hier einige alltagstaugliche Strategien, die du als Elternteil nutzen kannst – je nach Alter und Temperament deines Kindes:

Für akute Situationen:

- *„Wut-Rettungsanker"*: Kuscheltier oder Decke, das/die bei Wut hilft

- *„Wutkissen"*: ein Kissen zum Werfen oder Draufboxen

- *„Wut-Tanz"*: Bewegung als Kanal für körperliche Spannung

- *„Mit-Wut-Bilderbuch"*: gemeinsam lesen nach dem Wutausbruch

Für ruhige Momente:

- Gespräch über das Gefühl mit Emotionskarten

- Wuttagebuch (ab ca. 5 Jahren): „Wann war ich wütend – warum?"

- Körperübungen zur Spannungsregulation (z. B. feste Faust – loslassen)

- Rollenspiele mit Puppen/Figuren zur Verarbeitung

Was dein Kind in seiner Wut wirklich braucht

In Wahrheit schreit ein wütendes Kind etwas ganz anderes als „Ich will das!" –
es schreit oft: **„Sieh mich!", „Hilf mir!", „Versteh mich!"**

Was Kinder in der Wut von uns brauchen:

- Ein Gegenüber, das nicht gegeneinander kämpft

- Worte für das, was sie selbst nicht sagen können

- Einen Rahmen, der sie schützt, ohne sie zu beschämen

- Erinnerung daran, dass sie auch in ihrer größten Wut geliebt sind

Und was wir ihnen schenken können, ist:
Emotionale Sicherheit – gerade im Moment der größten Unsicherheit.

5. Angst, Traurigkeit und Trotz – kindgerecht erklärt

Nicht alle Gefühle sind laut. Manche sind still. Manche verstecken sich hinter einem verlegenen Blick, einem plötzlichen Rückzug, einer ablehnenden Geste. Gerade bei kleinen Kindern erscheinen Gefühle oft in einer anderen Maske, in einem anderen Gewand.

Ein Kind, das traurig ist, sagt vielleicht nicht „Ich bin traurig." Es wirft sich auf den Boden, brüllt „Ich hasse dich!" oder geht ganz in sich zurück.

Ein Kind, das Angst hat, wird plötzlich wütend. Oder klammert. Oder tut, als sei es müde.

Und ein Kind, das trotzig erscheint, verteidigt in Wahrheit vielleicht gerade seine Würde.

Wenn wir diese zarten Signale lernen zu lesen, beginnen wir, unsere Kinder wirklich zu verstehen. Dieses Kapitel widmet sich den drei häufigsten, oft missverstandenen Gefühlen – und wie wir sie kindgerecht begleiten.

Angst – der stille Schatten

Angst ist ein Gefühl, das evolutionär unser Überleben sichert. Sie warnt vor Gefahr, schützt vor Unbekanntem, mahnt zur Vorsicht.

Bei Kindern aber ist Angst oft übergroß – und völlig real, auch wenn sie für uns irrational wirkt.

Ein Schatten im Zimmer. Der Abschied an der Kita-Tür. Ein fremder Hund. Eine neue Situation.

Kinder haben Angst, weil sie die Welt noch nicht vollständig

einordnen können. Weil ihr Gehirn noch viele „Unbekannte"
enthält – und weil sie sich selbst noch klein erleben.

Und: Kinder übernehmen Ängste von uns. Die Art, wie wir auf
Angst reagieren – unsere eigene oder ihre –, prägt ihr späteres
Sicherheitsgefühl.
Wer gelernt hat, dass Angst ernst genommen wird, lernt, mit ihr
umzugehen.
Wer gelernt hat, dass Angst „Quatsch" ist, bleibt allein.

Typische Ausdrucksformen kindlicher Angst:

- Plötzliche Anhänglichkeit oder Klammern

- Wiederkehrende Bauchschmerzen oder Kopfweh

- Schlafprobleme, häufiges Aufwachen

- Rückzug, Schweigen oder Weinen „ohne Grund"

- Aggressionen (oft als verdeckte Angst)

- Verweigerung (z. B. nicht zur Kita wollen)

Kindgerechte Begleitung von Angst:

- „Ich sehe, dass du dich fürchtest. Komm, wir schauen es
  uns gemeinsam an."

- „Du bist nicht allein. Ich bin bei dir."

- „Manchmal macht uns etwas Angst, bevor wir es
  kennen."

- Gemeinsam Bücher anschauen über mutige Kinder

- Rituale, die Sicherheit geben (z. B. Gute-Nacht-Spruch)

- Etwas Kleines bestimmen lassen (Kontrolle schafft Sicherheit)

- Kein Drängen, kein „Jetzt sei aber nicht so" – sondern: Bleiben, Aushalten, Dasein.

Traurigkeit – die leise Einladung zur Nähe

Traurigkeit ist das Gefühl des Verlusts. Der Ohnmacht. Der Enttäuschung.
Für Kinder sind Abschiede schwer, auch kleine. Eine kaputte Schaufel kann ein Drama sein. Eine verpasste Einladung zur Party ein Stich ins Herz.
Und manchmal ist die Traurigkeit diffus – sie ist da, weil „etwas" weh tut, aber niemand benennen kann, was genau.

Viele Kinder lernen früh: Traurigkeit ist unbequem.
Man soll wieder lachen. Oder „tapfer sein". Oder „nicht so weinen".
Dabei ist Traurigkeit das Gefühl, das am meisten **Zuwendung** braucht. Nicht Korrektur.

Was Kinder in ihrer Traurigkeit zeigen:

- Sie weinen – oft lange, leise, oder scheinbar „übertrieben"

- Sie suchen Körperkontakt, Nähe, wollen „Baby sein"

- Sie verlieren Interesse an Dingen, die sonst Freude machten

- Sie wirken müde, schlapp oder genervt

- Oder: Sie reagieren mit Trotz oder Wut – als Abwehr gegen das Gefühl der Hilflosigkeit

Kindgerechte Begleitung von Traurigkeit:

- „Ich sehe, dass du traurig bist. Du musst es nicht verstecken."

- „Ich bin bei dir – du darfst so lange weinen, wie du brauchst."

- „Magst du mir zeigen, was dich traurig gemacht hat?"

- Nähe ohne Worte anbieten: Hand halten, kuscheln, schweigen

- Mit dem Kind malen oder basteln zum Thema „Traurig sein"

- Geschichten vorlesen, in denen Figuren Traurigkeit erleben

- Die Tränen nicht wegziehen – sondern als Reinigungsprozess verstehen

---

Trotz – die Würde des Kindes

Trotz ist kein Gefühl – es ist ein **Ausdrucksverhalten**, das entsteht, wenn ein Kind zwischen zwei Kräften steht:
– dem Wunsch, autonom zu sein
– und der Realität, noch abhängig zu sein

Ein trotziges Kind ruft nicht: „Ich bin böse."
Es ruft: **„Ich bin jemand!"**
Es spürt sich selbst – aber es kann noch nicht diplomatisch

verhandeln, höflich widersprechen oder flexibel mit Frust umgehen.

Es haut. Es schreit. Es weigert sich.

Weil es innerlich ringt: mit sich selbst, mit seinen Gefühlen, mit der Welt.

Trotz wird oft falsch verstanden. Viele Eltern fühlen sich provoziert, in Frage gestellt, angegriffen. Doch tatsächlich kämpft das Kind gerade für sich selbst.

Typische Trotzreaktionen:

- Verweigern, Stillstehen, „Nein!" brüllen

- Provokationen („Ich mach das jetzt trotzdem!")

- Hauen, Spucken, Gegenstände werfen

- Dramatisches Weinen, auf den Boden werfen

- Selbstverletzendes Verhalten (sich selbst schlagen)

Was in solchen Momenten hilft:

- Nicht in den Machtkampf gehen – sondern innerlich aussteigen

- Klar und ruhig bleiben, ohne herabzusetzen: „Ich sehe, dass du das anders willst."

- Wahlmöglichkeiten anbieten („Du darfst dir aussuchen, ob wir das gemeinsam machen oder mit einer kleinen Pause vorher.")

- Nähe signalisieren, auch wenn das Kind schreit: „Ich geh nicht weg."

- Den Impuls in etwas Umlenken (z. B. „Schlag lieber in dieses Kissen.")

- Nach dem Ausbruch: Trost, Erklärung, Verbindung – *kein Nachtrag*

Wichtig zu wissen:
Trotzphasen sind keine „schlechte Erziehung", sondern ein gesunder Entwicklungsschritt. Sie zeigen: *Das Kind spürt sich selbst und beginnt, ein inneres Ich zu formen.*

Diese drei Gefühle – Angst, Traurigkeit und Trotz – sind Teil jeder Kindheit.
Nicht weil etwas falsch läuft, sondern weil Entwicklung lebendig ist.
Und wenn wir es schaffen, **nicht zu bewerten, sondern zu begleiten**, legen wir den Grundstein für Kinder, die sich selbst spüren, verstehen – und halten können.

6. Gefühle dürfen sein – aber nicht alles dürfen Gefühle

Kinder sollen ihre Gefühle ausdrücken dürfen.
Sie sollen weinen dürfen, wütend sein, sich erschrecken, enttäuscht reagieren.
Aber: Sie sollen dabei niemanden verletzen.
Nicht sich selbst. Nicht andere. Nicht ihre Beziehung zu uns.

Und genau hier liegt eine der größten Herausforderungen im Elternsein:
Wie begleite ich Gefühle achtsam – ohne Verhalten zu verharmlosen, das Grenzen überschreitet?

Dieses Kapitel zeigt dir, wie du zwischen Gefühl und Handlung unterscheidest. Wie du Raum für Emotionen gibst – ohne die Verantwortung aufzugeben. Und wie du deinem Kind beibringst:
„Deine Wut darf da sein – aber du darfst mich nicht schlagen."

Der Unterschied zwischen Gefühl und Verhalten

Kinder verknüpfen Gefühl und Handlung oft unmittelbar.
Sie fühlen Wut – sie hauen.
Sie fühlen Angst – sie rennen weg.
Sie fühlen Traurigkeit – sie schreien oder schubsen.

Für sie ist der Impuls das Gefühl.
Aber: **Das Gefühl ist neutral. Die Handlung ist wählbar.**

Element	Beispiel	Umgang damit
Gefühl	„Ich bin wütend!"	*Willkommen heißen, benennen, verstehen*
Impuls	„Ich will hauen!"	*Anerkennen, aber nicht ausagieren lassen*
Handlung	„Ich haue Mama."	*Klar stoppen, Grenze setzen, Ersatz anbieten*

Kinder brauchen Erwachsene, die diesen Unterschied halten können – nicht aus Strenge, sondern aus **liebevoller Klarheit.**

Ein Kind darf fühlen, was es fühlt.
Aber es muss lernen, dass **nicht alles Verhalten erlaubt ist**, auch wenn das Gefühl groß ist.

Warum Grenzen Gefühle schützen

Viele Eltern befürchten, ein Kind zu verletzen, wenn sie Grenzen setzen.
Sie sagen dann lieber nichts, lassen Ausraster stehen oder versuchen es mit Ablenkung.
Doch das Gegenteil ist wahr:
Eine klare Grenze schützt – das Gefühl, die Beziehung, das Kind selbst.

Stell dir Gefühle wie einen Fluss vor.
Ohne Ufer schwappt er über, reißt alles mit.
Mit Ufer wird er kraftvoll – aber in eine Richtung gelenkt.

Kinder suchen diese Ufer.

Sie testen.

Sie provozieren.

Nicht um dich zu ärgern – sondern um zu spüren: *„Wie stark ist dein Halt?"*

Ein Kind, das Grenzen erlebt, spürt:

- Ich bin nicht zu viel.

- Mein Gefühl ist okay.

- Aber ich lerne, wie ich damit umgehen kann.

Wie du die Grenze setzt – ohne das Gefühl zu unterdrücken

Oft fällt es schwer, beides zu tun: das Gefühl zuzulassen *und* eine Grenze zu ziehen.

Hier ein paar Formulierungshilfen, die beides vereinen:

Situation	Stattdessen sagen ...
Kind haut dich in der Wut	„Du bist wütend – das darfst du sein. Aber mein Körper ist kein Schlagzeug."
Kind wirft Gegenstände	„Ich sehe, dein Ärger ist groß. Lass uns etwas finden, das du werfen darfst."
Kind schreit dich an	„Du darfst laut sein – aber ich höre dich besser, wenn du nicht schreist."

Situation	Stattdessen sagen ...
Kind beleidigt oder beschimpft	„Ich glaube, du bist verletzt. Aber Worte dürfen nicht wehtun wie Fäuste."
Kind zerstört Spielzeug oder Dinge	„Deine Wut braucht Raum. Aber wir zerstören nicht, was uns gehört."

💡 Der Schlüssel liegt im **„Und" statt „Aber"**:

- „Du bist wütend *und* wir schlagen nicht."

- „Du darfst traurig sein *und* trotzdem die Grenze anderer achten."

So lernt dein Kind:
Gefühle sind willkommen. Aber sie brauchen **einen Rahmen**.

Der Balanceakt: Nicht kleinreden – nicht durchgehen lassen

Eltern stehen oft zwischen zwei Polen:

- Gefühl ernst nehmen („Ich sehe deine Wut.")

- Handlung stoppen („Du darfst mich nicht treten.")

Beides gleichzeitig zu halten ist emotional anstrengend – aber möglich. Und vor allem: **Lernbar.**

Was hilft, die Balance zu halten:

- **Innere Klarheit**: Du darfst liebevoll und konsequent zugleich sein.

- **Kurze, klare Sprache**: Keine langen Erklärungen in hitzigen Momenten.

- **Körpersprache bewusst einsetzen**: Auf Augenhöhe, ruhig, aber bestimmt.

- **Grenze zeigen – ohne Kränkung**: Kein Sarkasmus, keine Drohung, keine Strafe.

- **Nachbesprechung im ruhigen Moment**: Gefühle reflektieren, Verhalten besprechen, Alternativen entwickeln.

Was dein Kind durch Grenzen über sich selbst lernt

Ein Kind, das regelmäßig liebevoll begrenzt wird, lernt mehr als Disziplin.
Es lernt:

- Dass Gefühle kommen und gehen – und nicht alles zerstören.

- Dass man mit starken Emotionen leben kann, ohne sich oder andere zu verletzen.

- Dass Beziehung nicht zerbricht, nur weil es Konflikte gibt.

- Dass es selbst Verantwortung für sein Verhalten übernehmen kann.

Und:
Es lernt, **sich selbst zu halten** – weil es erlebt hat, wie du es gehalten hast.

Teil 2: Impulse steuern – liebevoll Grenzen spüren

7. Von 0 auf 180: Was Impulse mit Regulation zu tun haben

Viele Eltern kennen diese Situation:
Eben war das Kind noch fröhlich am Malen, dann kippt es plötzlich – ein kleiner Stift fällt vom Tisch, der Bruder nimmt ein Spielzeug, oder Mama sagt Nein – und innerhalb von Sekunden ist das Kind wütend, schreit, schmeißt etwas durch den Raum. Von null auf hundert. Ohne Vorwarnung. Ohne sichtbaren Grund.
Was hier passiert, ist kein „Ausflippen". Es ist der sichtbare Ausdruck einer noch unreifen Impulsregulation.

Kinder sind keine Mini-Erwachsenen. Ihr Gehirn ist mitten in der Entwicklung. Ihre Fähigkeit, Gefühle, Gedanken und Handlungen zu verbinden, wächst erst im Laufe der Jahre – vor allem durch Erfahrung, Beziehung und Begleitung.
In diesem Kapitel geht es darum, was Impulse eigentlich sind, warum sie so schwer zu kontrollieren sind, und wie du deinem Kind helfen kannst, liebevoll und konsequent mit dieser Herausforderung umzugehen.

Was sind Impulse?

Impulse sind innere Antriebe, die sofortiges Handeln auslösen wollen.
Sie sind körperlich spürbar, blitzschnell und oft emotional aufgeladen. Bei Kindern treten sie besonders stark auf, weil ihr

Gehirn noch kaum in der Lage ist, zwischen Reiz und Reaktion eine Pause zu setzen.

Beispiele für kindliche Impulse:

- Ich will das jetzt sofort haben

- Ich will das nicht hören

- Ich muss schreien, treten, hauen

- Ich will wegrennen, mich verstecken

- Ich muss mich durchsetzen

Impulse sind nicht böse, sie sind biologisch. Sie zeigen, was ein Kind gerade innerlich erlebt – und dass es überfordert ist, diesen Impuls angemessen zu steuern.

Warum fällt es Kindern so schwer, Impulse zu kontrollieren?

Die Fähigkeit zur Impulskontrolle gehört zu den sogenannten exekutiven Funktionen des Gehirns. Sie entwickeln sich im präfrontalen Kortex – dem Teil, der für Selbststeuerung, Nachdenken, Planen und Reflektieren zuständig ist.

Dieser Teil ist bei kleinen Kindern jedoch noch lange nicht ausgereift. Erst ab etwa dem dritten Lebensjahr beginnen erste Ansätze. Die volle Ausreifung erfolgt zwischen dem 20. und 25. Lebensjahr.
Das bedeutet: Ein Vorschulkind, das scheinbar grundlos laut wird, schlägt oder herumrennt, ist kein ungezogenes Kind – sondern ein Kind, dessen innerer Impuls einfach schneller war als seine Kontrolle.

Gleichzeitig sind Kinder in dieser Entwicklungsphase besonders empfänglich für emotionale Ansteckung. Wenn jemand laut wird, werden sie lauter. Wenn jemand hektisch ist, beschleunigen sie. Wenn jemand ruhig bleibt, kann sich das Nervensystem allmählich mitregulieren.

Die Impulse eines Kindes sind also nicht nur Ausdruck seines Innenlebens, sondern auch eine Reaktion auf sein Umfeld.

Was bedeutet das für den Alltag?

Ein Kind, das impulsiv handelt, ist kein Kind, das bewusst Grenzen überschreitet.

Es ist ein Kind, das sich im Moment des Impulses nicht selbst beobachten kann. Es ist „in der Handlung", nicht davor. Es denkt nicht: Das sollte ich vielleicht nicht tun.

Es denkt nicht. Es handelt.

Deshalb hilft es nicht, impulsives Verhalten zu bestrafen oder zu erklären, während es passiert.

Sinnvoll ist es dagegen,

- sich selbst zu entschleunigen,

- durch die eigene Körperhaltung Sicherheit zu vermitteln,

- Worte sparsam zu wählen,

- nach der Situation gemeinsam zu reflektieren.

Denn Impulskontrolle wird nicht durch Erklärungen gelernt, sondern durch das Erleben von Halt in Situationen, in denen das Kind den Halt selbst noch nicht geben kann.

Impulse in der kindlichen Entwicklung

Ein kurzer Überblick, wie sich die Impulssteuerung altersgerecht entwickelt:

Alter 1–2 Jahre:

- Impulse werden direkt ausgelebt

- Kein Bewusstsein für Folgen

- Hauptsächlich Reaktion auf körperliches Unwohlsein, Hunger, Müdigkeit

Alter 3–4 Jahre:

- Erste Versuche, Impulse zu steuern (z. B. durch Sprache)

- Häufige Überforderung, besonders bei Übergängen und Verboten

- Impulse oft begleitet von starker Emotionalität

Alter 5–6 Jahre:

- Kinder erkennen Impulse zunehmend früher

- Können manchmal innehalten, brauchen aber viel Unterstützung

- Beginnen, über Gefühle zu sprechen, statt sofort zu handeln

Alter ab 7 Jahren:

- Kinder beginnen Strategien zu entwickeln, um Impulse selbst zu lenken

- Fähigkeit zur Frustrationstoleranz wächst

- Reflektiertes Verhalten nimmt zu, besonders mit starker emotionaler Bindung

Diese Entwicklung ist nicht linear. Rückschritte sind normal – besonders in Phasen von Stress, Krankheit, Überforderung oder Veränderung.

Wie kann ich Impulskontrolle liebevoll fördern?

Impulskontrolle ist wie ein Muskel, der durch Übung wächst – aber nicht durch Druck. Je nach Alter, Temperament und Alltagssituation brauchen Kinder unterschiedliche Formen von Unterstützung. Die wichtigsten Grundprinzipien dabei sind:

1. Vorhersehbare Abläufe: Rituale, Routinen und klare Strukturen helfen dem Kind, sich sicher zu fühlen.

2. Vorwarnungen: Kinder reagieren besser, wenn sie wissen, was kommt. Zum Beispiel: „Noch drei Minuten spielen, dann räumen wir auf."

3. Gemeinsame Sprache für Impulse: „Ich sehe, dein Körper will gerade ganz schnell etwas machen. Wollen wir dem Impuls ein bisschen helfen?"

4. Bewegung vor Regulation: Bevor ein Kind ruhig wird, braucht es manchmal erst Bewegung – Rennen, Schütteln, Hüpfen.

5. Nachbesprechung im sicheren Rahmen: Nicht sofort analysieren, sondern im ruhigen Moment gemeinsam überlegen: „Was war da los in dir? Was hätte dir geholfen?"

Was darf ich als Elternteil dabei fühlen?

Eltern, die mit impulsivem Verhalten konfrontiert sind, erleben häufig:

- Ohnmacht: Warum hört mein Kind nicht auf mich?

- Schuldgefühle: Habe ich versagt?

- Wut: Ich kann nicht mehr.

- Verwirrung: Ist das normal oder ein Problem?

Diese Gefühle sind echt. Und sie dürfen da sein.
Es ist okay, überfordert zu sein.
Es ist okay, sich zu fragen, ob man genug tut.
Doch wichtig ist: Impulskontrolle ist kein Erziehungsfehler. Sie ist ein Reifungsprozess. Und dieser Prozess braucht Zeit, Geduld und Begleitung – nicht Perfektion.

Ein Kind lernt Impulskontrolle nicht durch Ermahnungen, sondern durch Beziehung.
Durch Erwachsene, die da sind, auch wenn es schwierig wird.
Die nicht strafen, sondern strukturieren.
Die nicht weggehen, sondern aushalten.

Wenn ein Kind lernt: Ich darf einen Impuls spüren, aber ich muss ihm nicht folgen – dann beginnt echte Selbstregulation.

8. Warum Kinder manchmal *„nicht hören können"*

Es gibt wohl kaum einen Satz, der Eltern so sehr zur Weißglut bringen kann wie:
„Du hörst einfach nicht!"

Da steht man zum fünften Mal vor dem Kind, sagt in ruhigem oder auch schon genervtem Ton: „Bitte zieh deine Schuhe an" – und nichts passiert.
Oder: Das Kind sieht einen an, man spricht mit ihm, und trotzdem wird weitergemalt, weitergebaut oder demonstrativ ignoriert.

Viele Eltern interpretieren das als Trotz, Respektlosigkeit oder absichtliches Testen.
Doch oft ist etwas ganz anderes im Spiel:
Das Kind kann in diesem Moment tatsächlich nicht hören – nicht bewusst, nicht vollständig, nicht sofort.

Dieses Kapitel zeigt, was hinter diesem scheinbaren „Nicht-Hören" steckt, wie das kindliche Gehirn in Reizsituationen funktioniert, und wie du mit einfachen Veränderungen im Umgang dein Kind liebevoll erreichst – ohne Machtkampf, ohne Erschöpfung, ohne ständiges Wiederholen.

Hören heißt nicht verstehen – und schon gar nicht handeln

Ein Kind, das deine Worte nicht sofort umsetzt, hat sie nicht automatisch ignoriert.
Denn zwischen dem akustischen Reiz (also dem, was du sagst) und der Handlung liegt ein komplexer innerer Prozess:

1. Das Kind muss deine Stimme überhaupt *wahrnehmen*

2. Es muss *verstehen*, was du meinst

3. Es muss *entscheiden*, ob es reagieren will oder kann

4. Es muss *unterbrechen*, was es gerade tut oder fühlt

5. Es muss sich *neu orientieren* und in Handlung umsetzen

Bei Erwachsenen laufen diese Schritte oft in Sekundenbruchteilen ab. Bei Kindern – vor allem im Alter zwischen zwei und sechs Jahren – brauchen sie mehr Zeit, Unterstützung und vor allem Wiederholung.
Ein Kind, das scheinbar nicht reagiert, ist oft noch mitten im inneren Sortieren.

Was im kindlichen Gehirn passiert

Das kindliche Gehirn ist in der Phase intensiver Reizverarbeitung und innerer Entwicklung. Wenn ein Kind tief ins Spiel versunken ist oder gerade mit einem starken Gefühl beschäftigt ist, ist der Zugang zu deiner Ansprache biologisch eingeschränkt.

Vereinfachtes Modell:

Gehirnbereich	Aufgabe	Bei Überforderung oder Ablenkung passiert …
Präfrontaler Kortex	Verstehen, Entscheiden, Umsetzen	Ist oft überfordert oder „abgeschaltet"

Gehirnbereich	Aufgabe	Bei Überforderung oder Ablenkung passiert ...
Auditorischer Kortex	Aufnahme von Sprache	Wird durch parallele Reize blockiert (z. B. Geräusche, Bilder)
Limbisches System	Emotionale Verarbeitung	Sorgt für Priorisierung von Gefühlen statt von Anweisungen

Fazit: Wenn ein Kind „nicht hört", hat das selten mit Willen, sondern meist mit innerer Reizlage zu tun.

Sechs häufige Gründe, warum Kinder nicht „hören"

1. Emotionale Überladung

Das Kind hat gerade selbst starke Gefühle – z. B. Wut, Enttäuschung oder Aufregung. Es kann deine Worte nicht integrieren, weil sein innerer Fokus ganz woanders ist.

2. Tiefe Spielkonzentration

Kinder im Spiel sind in einem Flow-Zustand. Sie hören zwar den Klang deiner Stimme, aber nicht den Inhalt. Du bist im Hintergrundrauschen.

3. Fehlende Verknüpfung zur Handlung

Ein Satz wie „Zieh bitte deine Jacke an" bleibt abstrakt, wenn das Kind nicht versteht, warum. Kinder handeln stärker aus Zusammenhang und Bedeutung als aus bloßem Gehorsam.

4. Zu viele Aufforderungen auf einmal

Ein „Bitte zieh dich an, hol deine Mütze, und bring deinen

Rucksack mit" ist für das Gehirn eines Kleinkindes oft zu viel. Es bleibt dann beim ersten oder letzten Reiz hängen.

5. Keine körperliche oder emotionale Verbindung
Kinder reagieren besser, wenn sie sich gesehen fühlen. Wer aus der Ferne ruft, ohne Blickkontakt oder Nähe, erreicht oft nur einen Bruchteil der Aufmerksamkeit.

6. Reizüberflutung oder Müdigkeit
Ein Kind, das erschöpft, müde oder reizüberflutet ist, „schaltet ab". Dann helfen keine weiteren Reize, sondern nur Entlastung.

Was du stattdessen tun kannst

Du musst nicht lauter werden. Nicht autoritärer. Nicht frustrierter.
Was hilft, ist ein Wechsel der Perspektive – und eine Veränderung der Herangehensweise.

1. Zuerst Verbindung, dann Ansprache

Bevor du sprichst, schaffe *Verbindung* – auf körperlicher und emotionaler Ebene:

- Geh in die Nähe

- Beuge dich auf Augenhöhe

- Berühre sanft die Schulter oder den Arm

- Sprich mit ruhiger, klarer Stimme

- Warte auf Blickkontakt oder eine kleine Reaktion

Erst dann beginne mit deiner eigentlichen Botschaft.

2. Weniger Worte – mehr Klarheit

Kinder verstehen am besten klare, einfache Sätze, die mit einer konkreten Handlung verbunden sind:

- „Bitte hol deine Schuhe."
- „Jetzt ist Aufräumzeit."
- „Komm mit, wir gehen."

Vermeide lange Erklärungen in stressigen Situationen. Diese kannst du später im ruhigen Moment nachholen.

3. Handlung statt Drohung

Statt mehrfach zu wiederholen oder anzudrohen („Wenn du jetzt nicht kommst ..."), hilf dem Kind durch kleine Schritte:

- „Ich helfe dir beim ersten Schuh, dann machst du den zweiten."
- „Ich halte die Jacke auf, du steigst hinein."
- „Wollen wir zusammen zählen, wie schnell du es schaffst?"

4. Rhythmus statt Reibung

Was Kinder nicht hören, fühlen sie im Rhythmus. Wiederkehrende Abläufe, kleine Lieder oder Melodien helfen dem Gehirn, sich zu orientieren.

Beispiele:

- Aufräum-Ritual mit Lied
- Anziehlied am Morgen

- Kurze Reime vor Übergängen („Eins, zwei, drei – Spiel ist vorbei")

Wenn das Nicht-Hören dich triggert

Eltern erleben das Nicht-Hören oft als persönliche Kränkung. Als Nicht-Ernstnehmen. Als Machtkampf. Doch es ist wichtig, sich bewusst zu machen: *Es geht nicht gegen dich.* Es geht um das Kind.

Dennoch darfst du deine Gefühle ernst nehmen.
Wenn du dich wiederholt übergangen fühlst, wenn du laut wirst, obwohl du es nicht willst – dann ist das ein Signal: Du brauchst Entlastung, Verbindung, Unterstützung.
Denn ein Kind, das „nicht hört", darf nicht dazu führen, dass du dich selbst verlierst.

Stell dir vor: Du bist nicht der Befehlsempfänger, sondern der Begleiter.
Nicht der Tonangeber, sondern der Taktgeber.
Nicht der Kontrolleur, sondern der Übersetzer.

Kinder hören besser, wenn sie spüren, dass sie gemeint sind.
Und wenn sie fühlen, dass hinter der Stimme ein Mensch steht, der sie versteht.

9. Selbstkontrolle ist trainierbar – aber nicht selbstverständlich

Selbstkontrolle ist die Fähigkeit, das eigene Verhalten bewusst zu steuern – auch wenn innere Impulse oder äußere Reize etwas anderes wollen.
Ein Kind, das selbstkontrolliert handelt, kann warten, ohne gleich durchzudrehen. Es kann innehalten, bevor es haut. Es kann zuhören, auch wenn es gerade lieber spielen möchte.

Doch diese Fähigkeit ist nicht angeboren. Sie ist **erlernbar**, **trainierbar** – aber nicht selbstverständlich.

Viele Eltern glauben, dass Selbstkontrolle allein durch gute Erziehung entsteht. Oder dass Kinder, die sich „nicht im Griff" haben, besonders schwierig seien.
Doch tatsächlich ist Selbstkontrolle in erster Linie ein neurologischer Reifungsprozess, der durch Beziehung, Übung und emotionale Sicherheit gefördert wird – und vor allem durch Geduld.

Dieses Kapitel erklärt, wie Selbstkontrolle entsteht, warum sie sich so unterschiedlich zeigt, und wie du dein Kind liebevoll begleiten kannst, damit es Stück für Stück lernt: *Ich kann etwas fühlen – ohne es sofort zu tun.*

Was Selbstkontrolle genau bedeutet

Selbstkontrolle ist mehr als „brav sein". Sie umfasst mehrere Fähigkeiten:

- **Innehalten**, bevor man handelt

- **Aufschieben** von Bedürfnissen

- **Aushalten** von Frustration

- **Regulieren** von inneren Spannungen

- **Umlenken** von Impulsen in andere Strategien

Ein Kind, das diese Fähigkeiten langsam aufbaut, entwickelt langfristig:

- eine höhere Frustrationstoleranz

- bessere Konzentrationsfähigkeit

- gesunde soziale Kompetenzen

- ein stärkeres Selbstwertgefühl

Es lernt: *Ich bin meinen Impulsen nicht ausgeliefert. Ich kann Einfluss auf mich selbst nehmen.*

Wie sich Selbstkontrolle entwickelt

Die Selbstregulation und damit auch die Selbstkontrolle entsteht nicht plötzlich, sondern in Stufen. Dieser Reifeprozess beginnt im frühen Kleinkindalter – und reicht bis weit ins Jugendalter hinein.

Entwicklungsschritte (vereinfacht dargestellt):

Alter des Kindes	Typische Form der Selbstkontrolle
1–2 Jahre	erste körperliche Zurückhaltung (z. B. nicht greifen)
2–3 Jahre	einfaches Nachahmen von Selbstberuhigungsstrategien
3–4 Jahre	erste Versuche, Impulse zu unterdrücken (z. B. nicht hauen)
4–5 Jahre	beginnende Einsicht in Zusammenhänge („Wenn ich das mache, passiert das")
ab 6 Jahren	bewusstes Innehalten, aufschiebende Handlungsfähigkeit
ab 8–9 Jahren	flexibler Umgang mit Gefühlen und Impulsen in sozialen Situationen

Wichtig: Diese Entwicklung ist abhängig von Temperament, Umfeld, Vorbildverhalten und emotionaler Sicherheit. Nicht jedes Kind entwickelt sich im gleichen Tempo.

Warum Selbstkontrolle nicht „einfach gemacht" werden kann

Oft hören Kinder: „Reiß dich zusammen!", „Jetzt beruhig dich mal!" oder „Denk doch nach, bevor du sowas machst!"
Doch genau das können sie in den entscheidenden Momenten oft noch nicht.
Warum?

- Weil die Verbindung zwischen Gefühl und Handlung noch nicht stabil ist

- Weil Stress das Denkzentrum ausschaltet (präfrontaler Kortex)

- Weil emotionale Reize den Körper überschwemmen

- Weil sie noch keine anderen Strategien kennen

Das bedeutet: Selbstkontrolle entsteht nicht durch Forderung – sondern durch **Förderung**.

Ein Kind braucht:

- ein sicheres Umfeld, in dem es Fehler machen darf

- verständnisvolle Begleiter, die helfen, Verhalten zu verstehen

- konkrete Möglichkeiten, Impulse zu üben und umzuleiten

Wie du Selbstkontrolle im Alltag fördern kannst

Es braucht keine strengen Trainingspläne, sondern **kleine, wiederholte Momente** im Alltag, die das Gehirn deines Kindes sanft, aber wirkungsvoll trainieren.

1. Spielbasierte Selbstkontrolle

Kinder lernen am besten im Spiel. Besonders gut eignen sich:

- **Stopp-Tanz**: Kinder müssen sich bei Musik sofort bewegen – und bei Pause sofort stillstehen

- **Socken-Rennen**: Wer zuerst losläuft, verliert. Warten wird belohnt.

- **Luftballon-Jonglage**: Langsames Steuern, nicht wildes Schlagen

- **Klopfspiele mit Regeln**: z. B. zwei Mal klopfen = aufstehen, drei Mal = sitzen bleiben

2. Geschichten und Bücher

Kinder identifizieren sich mit Figuren. Geschichten, in denen jemand wütend wird, traurig ist oder sich erst zusammenreißen muss, regen zum Mitfühlen und Nachdenken an.

3. Atemübungen

Einfache Atemübungen helfen, den Körper aus der Anspannung zu holen. Je öfter geübt, desto eher erinnert sich das Kind in aufregenden Momenten daran.

Beispiel:

- Hand auf den Bauch legen

- Drei Mal tief durch die Nase einatmen

- Durch den Mund langsam pusten wie durch einen Strohhalm

4. Alltagssituationen nutzen

Du kannst dein Kind liebevoll begleiten, wenn es wütend wird, sich ärgert oder enttäuscht ist – indem du mit ihm gemeinsam das Gefühl anhörst, benennst und später darüber sprichst.

Fragen wie:

- „Was hat dich so aufgeregt?"

- „Was hätte dir geholfen, nicht zu schreien?"

- „Welche Idee hättest du, wenn das nochmal passiert?"

helfen dem Kind, selbst Reflexionsfähigkeit zu entwickeln.

Was du tun kannst, wenn dein Kind scheinbar „keine Kontrolle" hat

Manche Kinder scheinen immer wieder „auszurasten", trotz liebevoller Begleitung. Sie schlagen, schreien, rennen weg, zerstören Dinge oder sind extrem impulsiv.
In solchen Fällen ist es wichtig, genau hinzusehen:

- Hat das Kind gerade eine Phase erhöhter Überforderung (z. B. Kita-Wechsel, Umzug, Krankheit)?

- Gibt es unverarbeitete Erlebnisse, die innerlich drücken?

- Gibt es Entwicklungsverzögerungen oder Hinweise auf besondere neurologische Prozesse (z. B. ADHS)?

- Ist das Kind vielleicht besonders feinfühlig, reizoffen oder schnell frustriert?

Hier ist keine Strenge gefragt, sondern liebevolle Neugier. Je mehr du versuchst zu verstehen, desto besser kannst du helfen.

Manchmal ist auch eine fachliche Begleitung sinnvoll – nicht als Bewertung, sondern als Unterstützung.

10. Impulskontrolle spielerisch fördern

Kinder lernen durch Erfahrung. Sie lernen durch Beziehung. Und sie lernen – vielleicht am tiefsten – durch Spiel.

Wenn wir wollen, dass ein Kind lernt, seinen Impuls zurückzuhalten, innezuhalten, zu überlegen oder bewusst zu handeln, dann brauchen wir keine Belehrung, kein Strafen, kein Geduldspiel für Erwachsene.

Wir brauchen Spielräume, die diese Fähigkeiten *im Körper erfahrbar machen* – mit Spaß, Bewegung, Rhythmus und echtem Erleben.

Dieses Kapitel zeigt dir, wie du Impulskontrolle ganz praktisch in euren Alltag integrieren kannst. Nicht als weiteres „Training", sondern als ein gemeinsames Entdecken, Lachen, Bewegen – mit Wirkung.

Warum Spiel der beste Lernort ist

Im Spiel sind Kinder ganz bei sich – aber offen für Einfluss.
Sie sind emotional beteiligt, körperlich aktiv, innerlich motiviert.
Sie erleben Spannung und Entspannung.
Spiel verbindet das Denken mit dem Handeln, den Impuls mit der Regulation – und genau das macht es zu einem perfekten Feld für kindgerechte Selbststeuerung.

Spiel fördert Impulskontrolle, weil:

- es den Wechsel zwischen Aktion und Pause übt

- es Reize bietet, die auf Reaktionen warten

- es die Körperwahrnehmung schult

- es Struktur und Regeln integriert, ohne Druck

- es Spaß macht – und damit wiederholt wird

Besonders wirkungsvoll sind dabei Spiele mit Rhythmus, Bewegung, Reaktion und kleinen Herausforderungen.

Welche Fähigkeiten genau werden im Spiel geübt?

Wenn Kinder bestimmte Spiele regelmäßig machen, fördern sie gleichzeitig viele Bereiche, die für Impulskontrolle zentral sind:

Spieltyp	Trainierte Fähigkeiten
Bewegung mit Pause	Innehalten, Körperspannung, Frustrationstoleranz
Regelspiele	Abwarten, Impulsunterdrückung, Planen
Spiele mit Reiz-Reaktionswechsel	Aufmerksamkeit, Reaktionshemmung, Selbstwahrnehmung
Kooperative Spiele	Perspektivübernahme, Beziehungsgestaltung

Spiele, in denen man nicht sofort darf, in denen man unterbrechen muss, in denen Tempo wechselt oder Regeln gelten, sind besonders hilfreich für das Training der Impulskontrolle – wenn sie kindgerecht dosiert und spielerisch verpackt sind.

Konkrete Spielideen für zu Hause (ohne Material)

Diese einfachen Spiele kannst du jederzeit mit deinem Kind im Alltag einsetzen – ob drinnen oder draußen, spontan oder ritualisiert:

1. Stopp-Tanz
Musik läuft – Kinder bewegen sich wild. Musik stoppt – alle frieren ein.
Fördert: Innehalten, Reaktionshemmung, Körperwahrnehmung

2. Luftballon-Schwebe
Ein Luftballon darf nicht auf den Boden fallen. Aber: Er darf nur mit einem bestimmten Körperteil gespielt werden (z. B. Ellbogen).
Fördert: gezielte Bewegung, Impulssteuerung, Konzentration

3. Tierbewegung mit Stopp
Du rufst ein Tier („Frosch", „Elefant") – das Kind bewegt sich entsprechend. Dann plötzlich: „Stopp!"
Fördert: Reizverarbeitung, kontrollierte Bewegung, Zuhören

4. Leise-Schnell-Spiel
Abwechselnd gibt es Aufgaben in „schnell" (rennen, springen) und „leise" (schleichen, balancieren).
Fördert: Flexibilität, Wechsel der Reaktionsweise

5. Du darfst nicht lachen
Wer kann länger ernst bleiben, während der andere Grimassen schneidet?
Fördert: Emotionsregulation, Reaktionshemmung, Selbstbeherrschung

Alltagsroutinen, die nebenbei Impulskontrolle fördern

Nicht immer braucht es ein vorbereitetes Spiel. Viele alltägliche Situationen können genutzt werden, um Impulskontrolle zu fördern – wenn man sie bewusst gestaltet.

1. Auf das „Go!" warten

Beim Essen: „Warten, bis alle sitzen."

Beim Rennen: „Los erst bei drei."

Beim Türöffnen: „Wer kann am längsten warten?"

Diese kleinen Impuls-Pausen schaffen spielerisch Reiz-Reaktions-Räume.

2. Kleine Wettbewerbe mit sich selbst

- „Wie lange kannst du ganz ruhig stehen?"

- „Wie leise kannst du laufen, ohne den Boden knarren zu lassen?"

- „Wie langsam kannst du deinen Stift über das Papier ziehen?"

3. Zählrituale

Beim Anziehen, Zähneputzen oder Aufräumen zählen Kinder oft gern mit. Wer zwischendurch still sein oder auf ein Startzeichen warten muss, trainiert Geduld und Orientierung.

4. „Darf ich das jetzt schon?"–Spiele

Du legst z. B. ein Spielzeug hin, sagst: „Du darfst es erst nehmen, wenn ich klatsche."

Das klingt einfach – aber ist für Kinder eine echte Übung in Impulsaufschub.

Was tun, wenn das Kind nicht mitmacht?

Es kann vorkommen, dass ein Kind sich verweigert, nicht mitspielen möchte oder ein Spiel nach wenigen Sekunden abbricht. Das ist kein Scheitern – sondern Feedback.

Dann helfen folgende Fragen:

- Ist das Spiel zu schwierig oder zu leicht?
- Ist das Timing ungünstig (zu müde, zu hungrig)?
- Ist das Kind innerlich überfordert oder abgelenkt?
- Wird das Spiel als Wettbewerb oder Bewertung erlebt?

Lösungsansätze:

- Spiel vereinfachen oder gemeinsam anpassen
- Kind mitentscheiden lassen (welches Spiel, welche Rolle)
- selbst „verlieren" oder Fehler machen – entlastet das Kind
- Spielzeit begrenzen: lieber drei Minuten mit Freude als zehn Minuten Frust

Wichtig ist, dass das Spiel *gemeinsam* geschieht – nicht als Test, sondern als Einladung.

Wie du dranbleibst – ohne Druck

Impulskontrolle ist ein Muskel, der durch Wiederholung wächst. Aber: Kinder sind keine Maschinen.
Es geht nicht darum, „gut" zu werden. Es geht darum,

Erfahrungen zu sammeln, innere Prozesse wahrzunehmen und neue Handlungsoptionen auszuprobieren – im eigenen Tempo.

Dein Kind braucht nicht 30 Spiele. Es braucht vielleicht drei Lieblingsspiele, die immer wiederkehren.
Es braucht keine perfekte Struktur – sondern einen Menschen, der Lust hat, mit ihm zu wachsen.

Und es braucht keine Bewertung, sondern Beziehung.

11. Rituale und Routinen als Anker im Alltag

Kinder leben in einer Welt, die sie nur Stück für Stück begreifen.
Jeder Tag ist voller Reize, Überraschungen, Übergänge und
Anforderungen.
Je jünger ein Kind ist, desto weniger kann es sich selbst innerlich
steuern – und desto mehr ist es auf äußere Struktur
angewiesen.
Nicht als Kontrolle. Sondern als Sicherheit.

Rituale und Routinen geben Kindern Halt.
Sie geben dem Tag einen Rahmen, dem Gefühl einen Platz, dem
Impuls eine Pause. Sie sind wie kleine Inseln im stürmischen
Meer des Alltags.

Dieses Kapitel zeigt, wie du einfache, liebevolle und
wirkungsvolle Rituale im Alltag verankern kannst – für mehr
innere Ordnung, Verbindung und Selbstregulation.

Warum Rituale wirken

Ein Ritual ist mehr als ein wiederholter Ablauf.
Es ist eine Handlung mit Bedeutung.
Ein Übergang mit Orientierung.
Eine Brücke zwischen Reiz und Reaktion.

Für Kinder sind Rituale wie ein innerer Kompass. Sie spüren:

- *Was kommt als Nächstes?*

- *Was wird von mir erwartet?*

- *Wie lange dauert etwas?*

- *Wo ist mein Platz?*

- *Was darf ich fühlen?*

Diese Klarheit entlastet das Nervensystem – und macht Impulskontrolle leichter möglich.

Der Unterschied zwischen Ritual und Routine

Routine ist ein regelmäßig wiederkehrender Ablauf – z. B. morgens aufstehen, anziehen, frühstücken.
Ritual ist ein bewusst gestalteter Moment mit emotionalem Wert – z. B. eine Gutenachtgeschichte, ein Händedruck, ein kleines Lied vor dem Essen.

Beide Formen wirken regulierend – aber in unterschiedlicher Tiefe.

Merkmal	Routine	Ritual
Funktion	Struktur, Ordnung, Vorhersehbarkeit	Verbindung, Sicherheit, Bedeutung
Beispiel	Zähneputzen nach dem Frühstück	Lied beim Einschlafen
Wirkung	Orientierung im Tagesablauf	Emotionale Verankerung
Flexibilität	eher sachlich, funktional	eher symbolisch, gefühlsbezogen

Im Idealfall ergänzen sich beide: Die Routine trägt – das Ritual verbindet.

Wie Rituale bei Selbstregulation helfen

Wenn ein Kind weiß, *was, wann* und *wie etwas passiert*, kann es seine Aufmerksamkeit, seine Energie und seine Impulse besser steuern.

Statt immer neu zu verhandeln, geben Rituale Orientierung.
Statt Überforderung entsteht Wiedererkennung.
Statt Reizüberflutung gibt es kleine Oasen der Verlässlichkeit.

Beispiele:

- **Ein Aufräumlied** signalisiert dem Kind: Jetzt geht das Spiel zu Ende – nicht plötzlich, sondern begleitet.

- **Eine Gute-Nacht-Geschichte** hilft, das Erlebte zu verarbeiten – der Tag bekommt ein ruhiges Ende.

- **Ein Wut-Ritual** gibt dem Gefühl Raum, ohne destruktives Verhalten.

- **Ein Begrüßungsritual** (z. B. Umarmung, Handschlag, Augenkontakt) stärkt Bindung und Präsenz.

Alltagsbereiche, in denen Rituale besonders wirksam sind

1. Übergänge

Kinder sind besonders reizoffen in den Momenten zwischen zwei Situationen – z. B. vom Spiel zum Essen, vom Zuhause in die Kita, vom Tag in die Nacht.
Rituale helfen hier, nicht „abzubrechen", sondern „überzugehen".

Ideen:

- Ein Reim beim Schuheanziehen

- Ein Abschiedssatz an der Kita-Tür

- Ein kleiner Handgruß beim Verlassen des Hauses

- Eine „Tschüss-Umarmung" mit festem Ablauf

- Ein Licht, das abends gemeinsam gelöscht wird

2. Emotionale Spitzen

Wut, Enttäuschung, Aufregung, Angst – alle starken Gefühle brauchen einen sicheren Rahmen. Rituale bieten genau das.

Ideen:

- „Wutkissen" oder „Wutbox", die gezielt benutzt werden darf

- Ein Bild, das das Kind zeigen kann, wenn es traurig ist

- Ein fester Ort zum Beruhigen (z. B. die „Ruhewolke" oder das „Mutkissen")

- Ein Ritual nach dem Streit: z. B. gemeinsam Hände waschen oder zusammen atmen

3. Wiederkehrende Tageszeiten

Je gleichmäßiger der Tagesablauf, desto stabiler das emotionale Grundgefühl.

Mögliche Rituale:

- Morgenlied oder gemeinsames Öffnen des Vorhangs

- Abschiedswort mit Blickkontakt

- Tischspruch oder „Was war schön heute?" beim Essen

- Abendritual mit Reihenfolge (z. B. Zähneputzen – Geschichte – Licht aus – Lied)

Was tun, wenn ein Ritual „nicht klappt"?

Nicht jedes Ritual funktioniert sofort. Manchmal wirkt es nicht, wird verweigert oder verliert an Bedeutung.

Das ist normal – und kein Grund zur Sorge. Wichtig ist:

- **Gemeinsam entwickeln**: Frag dein Kind nach Ideen. Was würde es beruhigen, begleiten, stärken?

- **Klar und liebevoll bleiben**: Rituale dürfen freundlich, aber verbindlich sein.

- **Anpassen statt aufgeben**: Vielleicht braucht es eine neue Form – nicht jedes Ritual passt für jede Entwicklungsphase.

- **Nicht überfrachten**: Es braucht keine fünf Rituale pro Stunde. Wenige, feste, ehrliche Rituale wirken tiefer als viele halbherzige.

Ein Ritual ist ein Versprechen

Ein Ritual sagt dem Kind:
Du bist nicht allein. Ich bin da. Es gibt etwas, auf das du dich verlassen kannst – auch wenn alles andere wackelt.
Es ist ein leiser, aber kraftvoller Anker im Alltag.
Und oft der Beginn echter innerer Stabilität.

12. Grenzen setzen ohne Machtkampf

Grenzen sind wie Geländer auf einer Brücke.
Sie engen nicht ein – sie halten.
Ein Kind, das keine Grenzen erfährt, fühlt sich nicht frei,
sondern verloren.
Ein Kind, das nur Grenzen erfährt, ohne Verbindung, fühlt sich
klein und bekämpft.

Grenzen sind notwendig. Aber wie wir sie setzen, macht den
entscheidenden Unterschied.
Nicht mit Strenge, nicht mit Macht – sondern mit Klarheit,
Haltung und Beziehung.
Dieses Kapitel zeigt, wie du deinem Kind liebevoll und
gleichzeitig deutlich Grenzen setzen kannst – ohne Strafen,
Drohungen oder Erschöpfung.

Warum Kinder Grenzen brauchen

Kinder sind von Natur aus neugierig, impulsiv, voller
Entdeckungsdrang.
Sie probieren aus, fordern heraus, testen Möglichkeiten.
Das ist kein Fehlverhalten – sondern ein gesunder Teil der
Entwicklung.

Doch damit sie sich sicher und frei entfalten können, brauchen
sie:

- Orientierung

- Vorhersehbarkeit

- innere und äußere Struktur

- klare Rückmeldung über die Wirkung ihres Verhaltens

Grenzen helfen dem Kind zu spüren:
Wo endet mein Raum? Wo beginnt der Raum des anderen? Was darf ich tun – und was nicht?

Kinder, die keine Grenzen erfahren, erleben sich oft als zu groß oder zu mächtig – und verlieren Orientierung.
Kinder, die in klaren, verlässlichen Grenzen leben, können sich entspannen – weil sie sich gehalten fühlen.

Der Unterschied zwischen autoritär, antiautoritär und beziehungsorientiert

Erziehungsstil	Haltung	Wirkung auf das Kind
Autoritär	Erwachsene setzen durch, Kind gehorcht	Gehorsam, aber wenig Selbstwahrnehmung
Antiautoritär	Alles ist erlaubt, Kind entscheidet allein	Orientierungslosigkeit, Unsicherheit
Beziehungsorientiert	Klare Führung mit emotionaler Verbindung	Sicherheit, Selbstwahrnehmung, Bindung

Beziehungsorientiertes Grenzen setzen heißt:
Ich bin präsent, ich übernehme Verantwortung, ich wahre deine Würde.

Ich sage Nein, wenn es nötig ist – aber ich erkläre warum.

Ich halte aus, dass du mich ablehnst – aber ich lasse dich nicht allein.

Grenzen setzen – was bedeutet das konkret?

Grenzen zeigen dem Kind:

- *Was nicht geht* (z. B. hauen, schubsen, zerstören)

- *Was erwartet wird* (z. B. warten, teilen, helfen)

- *Was erlaubt ist* (z. B. toben, schreien, traurig sein – innerhalb eines Rahmens)

Wichtig:
Eine Grenze ist **kein Verbot**, sondern **eine Einladung zur Orientierung**.
Sie sagt: *Ich sehe dich – und ich führe dich.*

Und sie wird nicht durch Lautstärke stark, sondern durch **Klarheit und Konsequenz in der Haltung.**

Was passiert im Machtkampf – und wie du aussteigst

Ein Machtkampf entsteht, wenn zwei Kräfte sich gegenseitig bekämpfen, statt zu kooperieren.
Typische Merkmale:

- Das Kind widersetzt sich mehrfach aktiv

- Der Erwachsene wird lauter, drohender oder wütender

- Es geht nicht mehr um die Situation – sondern um das „Wer gewinnt?"

Der Machtkampf beginnt oft in Kleinigkeiten: Zähneputzen, Anziehen, Aufräumen, Schlafenszeit.
Doch dahinter steckt oft ein viel größeres Thema: *Beziehung, Autonomie, Orientierung, Resonanz.*

Aus einem Machtkampf kommst du nicht durch Sieg heraus – sondern durch Haltung.

Strategien, um den Machtkampf zu vermeiden oder zu beenden:

1. **Frühzeitig eingreifen**, nicht erst, wenn die Eskalation voll da ist

2. **Körpersprache bewusst einsetzen**: ruhig, auf Augenhöhe, offen

3. **Klare Sprache, kurze Sätze**, keine Diskussionen im Stress

4. **Nicht auf Provokation eingehen**: Kind fühlt sich oft sicherer, wenn du ruhig bleibst

5. **Gefühle sehen, Verhalten führen**: „Du bist wütend – und trotzdem hauen wir nicht."

6. **Grenze formulieren und begleiten**: „Ich helfe dir, das zu stoppen." statt „Jetzt hör auf!"

Formulierungshilfen für klare, liebevolle Grenzen

Statt „Wenn du das nochmal machst, dann ..."
sag lieber:
„Ich sehe, dass du das willst – aber ich entscheide jetzt."

Statt „Ich zähle bis drei!"
sag lieber:
„Ich bin da, um dir zu helfen, damit du nicht über deine Grenze gehst."

Statt „Jetzt reicht's!"
sag lieber:
„Stopp. Ich sehe, dass du gerade überfordert bist. Wir machen eine Pause."

Statt „Geh sofort auf dein Zimmer!"
sag lieber:
„Du brauchst gerade Abstand. Ich begleite dich ein Stück."

Grenzen setzen heißt: Ich nehme dich ernst

Eine Grenze ist kein Angriff.
Sie ist ein Ausdruck von Verantwortung.
Wenn du eine Grenze setzt, zeigst du deinem Kind: *Ich sehe dich. Ich halte dich. Ich nehme dich ernst – und ich führe dich, wenn du es noch nicht selbst kannst.*

Dabei musst du nicht hart sein. Du darfst weich und klar zugleich sein.
Kinder brauchen Eltern, die ihnen zutrauen, sich zu entwickeln –

aber auch den Mut haben, sie zu begrenzen, wenn sie sich selbst oder andere verlieren.

Denn in Wahrheit heißt ein liebevolles Nein:
Ich lasse dich nicht allein mit dem, was du noch nicht steuern kannst.

Teil 3: Wut, Trotz und starke Gefühle begleiten

13. Was passiert im Gehirn bei einem Wutanfall?

Wenn ein Kind tobt, schreit, haut, weint, sich auf den Boden wirft oder scheinbar „außer sich" ist, erleben viele Eltern einen Ausnahmezustand.
Ein Moment, in dem nichts mehr zu helfen scheint – keine Worte, kein Trösten, kein Schimpfen.
Aber was von außen wie Chaos wirkt, ist im Inneren des Kindes ein hochkomplexer, neurologischer Prozess.

Dieses Kapitel erklärt, was im Gehirn deines Kindes bei einem Wutanfall tatsächlich geschieht – und warum es in diesen Momenten kein logisches Denken, kein Einsehen und kein „vernünftiges Verhalten" zeigen kann.
Erst das Verständnis der biologischen Abläufe ermöglicht eine neue Haltung: ruhig, zugewandt, kompetent.

Der emotionale Notfall: Warum das Gehirn abschaltet

Der Wutanfall ist kein bewusster Ausdruck von Trotz oder Böswilligkeit.
Er ist ein Zeichen für Überforderung – ein Hinweis darauf, dass das Kind sein inneres Erleben nicht mehr regulieren kann.

Im Gehirn steuern drei zentrale Systeme das Verhalten:

Gehirnbereich	Funktion	Beim Wutanfall passiert ...
Präfrontaler Kortex	Vernunft, Impulskontrolle, Nachdenken	Wird deaktiviert, kann nicht regulieren
Limbisches System	Gefühle, Beziehung, emotionale Erinnerung	Ist überaktiv – besonders die Amygdala (Alarmzentrale)
Hirnstamm	Überleben, Reflexe, Flucht oder Angriff	Übernimmt Kontrolle – Körper geht in Notfallmodus

Kurz gesagt:

Wenn ein Kind einen Wutanfall hat, schaltet das Gehirn auf „Notbetrieb".

Das Gefühlssystem übernimmt, die Vernunft ist offline.

Das Kind ist *nicht steuerbar* – es ist in einem Zustand maximaler innerer Alarmbereitschaft.

Was löst diesen Zustand aus?

Ein Wutanfall entsteht nicht nur durch das, was gerade passiert – sondern durch die *gesamte innere Reizlage* des Kindes.

Oft ist das berühmte Nein nur der Tropfen, der das volle Fass zum Überlaufen bringt.

Typische Auslöser:

- Unerwartete Übergänge (z. B. Spiel abbrechen, nach Hause gehen)

- Frustration (z. B. etwas klappt nicht, Wunsch wird nicht erfüllt)

- Übermüdung, Hunger oder Überreizung

- Gefühl von Ungerechtigkeit oder Kontrollverlust

- Zu viele Anforderungen ohne Pause

- Innere Spannungen aus dem Tag, die sich entladen

Ein Wutanfall ist oft das Ergebnis von *nicht ausgedrückten oder nicht begleiteten Emotionen*, die sich schließlich explosionsartig Bahn brechen.

Was Kinder in diesem Moment nicht können

In einem Wutanfall ist das Kind *nicht erreichbar für logisches Denken*.
Es kann nicht:

- sich selbst beruhigen

- zuhören oder reflektieren

- erklären, was los ist

- Rücksicht nehmen

- Strategien anwenden, die es sonst kennt

Das bedeutet:

Sätze wie „Jetzt beruhig dich doch", „Du musst dich nicht so aufregen" oder „Du weißt doch, dass das nichts bringt" prallen ab.

Nicht, weil das Kind nicht will – sondern weil sein Gehirn in diesem Moment nicht in der Lage ist, diese Worte zu verarbeiten.

Was Kinder in einem Wutanfall brauchen

Ein Kind in einem Wutanfall braucht keine Erziehung, keine Konsequenz, keine Belehrung –
es braucht einen sicheren Menschen, der mit ihm durch diesen Sturm geht.

Nicht als Retter. Nicht als Gegner. Sondern als ruhender Pol.

Was du tun kannst:

- **Ruhe bewahren:** Dein ruhiges Nervensystem hilft dem Kind, sich zu regulieren.

- **Nicht diskutieren:** Weniger reden, mehr da sein.

- **Körperlich präsent bleiben:** In der Nähe sein – aber Raum lassen, wenn gewünscht.

- **Blickkontakt nur anbieten, nicht fordern:** Viele Kinder können in dieser Phase keinen Kontakt halten.

- **Sicherheit geben:** „Ich bleibe bei dir. Ich lasse dich nicht allein."

- **Warten, bis der Sturm sich legt:** Erst danach ist das Kind wieder aufnahmefähig.

Wenn das Kind körperlich wird (z. B. haut, beißt, wirft), darfst du eingreifen – ruhig, klar, ohne Gegenaggression:
„Ich halte deine Hände fest, bis du wieder sicher bist."
„Ich kann das nicht zulassen – ich bin bei dir."

Was nach dem Wutanfall wichtig ist

Wenn das Kind sich beruhigt hat, beginnt die Phase der Integration. Jetzt ist der präfrontale Kortex wieder aktiv, das Gefühlssystem wieder stabiler – jetzt ist das Gehirn bereit zu lernen.

Was jetzt hilft:

- Nähe anbieten, ohne Druck

- Gefühl benennen: „Das war ein starker Ärger in dir, oder?"

- Gemeinsam überlegen, was helfen kann beim nächsten Mal

- Das Kind nicht beschämen, nicht bloßstellen

- Wieder Verbindung herstellen, z. B. durch Kuscheln, ruhiges Spiel, Lesen

Kinder brauchen die Erfahrung:
Auch wenn ich überfordert bin, verliere ich nicht die Verbindung zu meinen Menschen.
Das schafft emotionale Sicherheit – und stärkt langfristig die Fähigkeit zur Selbstregulation.

14. Eltern als Co-Regulatoren

Ein Kind kann sich nicht selbst regulieren, bevor es gelernt hat,
mit jemandem gemeinsam durch ein Gefühl zu gehen.
Es braucht keinen strengen Erzieher.
Es braucht keinen „Macher".
Es braucht keine psychologische Analyse.
Es braucht dich – als emotional anwesenden, innerlich stabilen
Menschen, der bleibt, wenn es selbst kurz davor ist zu
zerbrechen.

Diese Rolle nennt man in der Entwicklungspsychologie: **Co-Regulation.**
Ein Bindungsmensch – also meist Mutter oder Vater – hilft dem
Kind, ein zu großes Gefühl zu halten, zu ordnen und allmählich
selbst zu steuern.
Nicht durch Erklärungen, sondern durch Beziehung.

Was bedeutet Co-Regulation?

Co-Regulation heißt:
Ich bin dein Nervensystem, solange deines überfordert ist.

Du leihst deinem Kind in schwierigen Momenten deine innere
Stabilität.
Du steuerst mit deinem Blick, deinem Atem, deiner Haltung,
deiner Stimme.
Du bist das Geländer, wenn das Kind ins emotionale Straucheln
gerät.
Und: Du bist bereit, das auszuhalten, was das Kind selbst (noch)
nicht tragen kann.

Dabei gilt: Je jünger das Kind, desto mehr Co-Regulation ist notwendig.

Doch auch größere Kinder und selbst Jugendliche brauchen in emotionalen Ausnahmezuständen noch dieses innere Echo durch dich – um sich selbst wiederzufinden.

Warum das Nervensystem der Eltern entscheidend ist

Kinder orientieren sich in Stress- und Emotionssituationen nicht an unseren Worten, sondern an unserem **Zustand**.

Ein Kind spürt:

- Ist mein Gegenüber ruhig oder angespannt?

- Spricht da jemand mit mir – oder *gegen mich*?

- Bin ich willkommen – auch in meinem Chaos?

Wenn dein Nervensystem unter Spannung steht, spürt das Kind Alarm – auch wenn du „beruhigend" redest.

Wenn du selbst innerlich ruhig bist, aber das Kind anschreist, kommt es in eine doppelte Verunsicherung.

Deshalb ist Co-Regulation immer auch Selbst-Regulation.

Du kannst nur so viel Ruhe geben, wie du selbst hast.

Was dein Kind durch Co-Regulation lernt

Ein Kind, das co-reguliert wird, macht folgende Erfahrungen:

- Ich bin mit meinem Gefühl nicht allein.

- Gefühle sind aushaltbar – wenn jemand bei mir bleibt.

- Ich verliere nicht die Beziehung, auch wenn ich außer mir bin.

- Ich darf fühlen, was ich fühle – aber ich bin nicht diesen Gefühlen ausgeliefert.

- Ich kann lernen, mich selbst zu beruhigen, weil ich erlebt habe, wie das geht.

Diese Erfahrungen wirken tief. Sie sind wie emotionale Bausteine für spätere Selbststeuerung, Beziehungsfähigkeit und emotionale Intelligenz.

Praktische Co-Regulations-Strategien im Alltag

1. Atme bewusst

Wenn dein Kind außer sich ist, ist dein Atem das erste Mittel der Wahl.
Langsam, tief, gleichmäßig – am besten hörbar.
Sprich weniger, atme mehr. So synchronisiert sich das Nervensystem deines Kindes mit deinem.

2. Präsenz zeigen, nicht dominieren

Sei körperlich da, aber nicht übermächtig.
Geh auf Augenhöhe, nimm einen ruhigen Ton, halte Kontakt – ohne Druck.
Wenn das Kind körperlich nicht angefasst werden will, bleib in Sichtweite und signalisiere: *Ich bin da, wenn du so weit bist.*

3. Sprich weniger, fühle mehr

Kinder brauchen in der Krise keine Erklärungen. Sie brauchen Resonanz.

Sätze wie „Ich sehe, dass es dir schwerfällt", „Das ist gerade sehr viel" oder einfach „Ich bin da" reichen oft völlig aus.

4. Biete deine Struktur als Rahmen

Halte die Grenze liebevoll, aber klar.
Zum Beispiel:
„Ich lasse nicht zu, dass du haust. Ich bleibe hier und helfe dir, bis du wieder ruhiger bist."
„Ich beschütze dich – und auch die anderen."

5. Spiegeln, nicht kontrollieren

Versuche nicht, das Verhalten zu „beenden", sondern das Gefühl zu *spiegeln*:
„Das war jetzt zu viel für dich."
„Dein Körper zeigt, dass du dich ganz aufgeregt fühlst."
„Du darfst sauer sein. Ich helfe dir, damit umzugehen."

Was tun, wenn du selbst überfordert bist?

Co-Regulation setzt voraus, dass du innerlich anwesend bist – aber das ist nicht immer möglich.
Wenn du müde bist, erschöpft, gereizt, hilflos – dann kannst du keine stabile Haltefunktion erfüllen.

Dann gilt:

- Erkenne deine Grenze an

- Hole dir Hilfe oder mache eine Pause, wenn möglich

- Sprich es offen aus: „Ich bin auch gerade überfordert. Ich gehe kurz durchatmen und komme gleich zurück."

- Repariere später, was vielleicht in Stress entstanden ist – Kinder sind sehr offen für ehrliche Nachbesprechung

Es geht nicht um Perfektion, sondern um Wiederholung.
Kinder müssen nicht 100 Prozent stabil begleitet werden. Aber sie brauchen die Erfahrung, dass Bindung trägt – auch in schwierigen Momenten.

> Ein Kind, das co-reguliert wird, lernt irgendwann:
> *Ich kann mich selbst beruhigen. Weil ich erlebt habe, wie das geht.*

15. Notfallplan für akute Situationen

Ein Wutanfall kommt oft plötzlich. Er überrascht, überrollt, überfordert.

Die Stimme des Kindes überschlägt sich, der Körper zuckt, vielleicht fliegen Dinge.

Viele Eltern erleben in solchen Momenten einen inneren Blackout. Alle guten Vorsätze, alles Gelernte, alle Strategien – weg.

Deshalb brauchst du für diese Momente etwas anderes als Theorie:

Einen inneren Notfallplan. Einen Ablauf, der dich trägt, wenn dein Kind außer sich ist.

In diesem Kapitel bekommst du genau das. Einen klar strukturierten Plan, der dir hilft, handlungsfähig zu bleiben – und deinem Kind durch den Sturm zu helfen, ohne dich selbst zu verlieren.

Warum Pläne helfen, wenn alles brennt

In Stresssituationen übernimmt auch dein Gehirn automatisch den Notfallmodus.
Das bedeutet:

- Du reagierst impulsiv, emotional, automatisch

- Du denkst weniger nach – du funktionierst

- Dein Körper geht in Spannung oder Rückzug

Das Problem: Genau in dem Moment, in dem dein Kind dich am meisten braucht, bist du selbst kurz davor, nicht mehr reguliert zu sein.

Ein klarer Plan hilft, aus diesem Reflex auszusteigen.
Er gibt dir **Handlungs-Sicherheit**, die du abrufen kannst – selbst unter Druck.

Der 5-Schritte-Notfallplan

Hier ist ein strukturierter Ablauf für die Momente, in denen dein Kind emotional explodiert.

Schritt 1: Stopp – innere Verlangsamung

Bevor du etwas tust oder sagst, halte kurz inne.
Wenn möglich: Ein tiefer Atemzug.
Wenn nicht: Nur einen Gedanken wiederholen – zum Beispiel:

- „Mein Kind braucht mich, nicht meine Reaktion."

- „Ich atme, bevor ich handle."

- „Ich bin der sichere Rahmen."

Dieser Moment entscheidet über den Verlauf der nächsten Minuten.

Schritt 2: Raum sichern

Je nach Situation:

- Entferne gefährliche Gegenstände

- Schütze Geschwister oder andere Kinder

- Halte nötige körperliche Distanz, ohne dich zu entziehen

- Wenn möglich: Geh mit dem Kind in einen ruhigeren Bereich

- Nicht festhalten, außer wenn es Sicherheit braucht oder sich oder andere verletzt

Ziel: Der Raum darf maximal sicher, aber minimal aufgeladen sein.

Schritt 3: Präsenz zeigen – nicht erziehen

Sprich mit ruhiger Stimme. Sag weniger, aber deutlich.

Beispiele:

- „Ich bin da."

- „Du bist nicht allein."

- „Ich passe auf dich auf."

- „Wir warten, bis du wieder bei dir bist."

Verzichte auf Erklärungen, Erziehung, moralische Hinweise. Sie kommen später.

Schritt 4: Atmen – für euch beide

Dein Atem ist jetzt dein stärkstes Werkzeug.

- Atme langsam und betont – sichtbar und hörbar

- Wenn das Kind offen dafür ist: Lade es zum Mitmachen ein

- Wenn nicht: Nur bei dir bleiben – dein Atem wirkt trotzdem regulierend auf das Umfeld

Optional: Atme bewusst drei- bis viermal durch die Nase ein, halte kurz inne, atme durch den Mund aus – langsam und leise. Wiederhole diesen Rhythmus. Du steuerst damit euer Nervensystem.

Schritt 5: Verbindung halten, Grenze zeigen

Wenn das Verhalten deines Kindes gefährlich wird, greife ruhig und klar ein:

- „Ich kann nicht zulassen, dass du haust. Ich bin da und helfe dir, sicher zu bleiben."

- „Du darfst fühlen, was du fühlst – aber du darfst nicht verletzen."

- „Ich bleibe bei dir, auch wenn es schwer ist."

Grenzen in diesen Momenten dürfen deutlich sein – aber niemals entwertend.
Dein Ziel: Das Verhalten stoppen, ohne das Kind zu verlieren.

Notfallhilfen zum Mitdenken

Hier einige bewährte Hilfen, die du in deinem inneren Werkzeugkasten mit dir tragen kannst – situativ angepasst.

Berührungsanker:
Wenn das Kind es erlaubt, lege eine flache Hand auf seinen Rücken.
Oder biete deine Hand an. Oft ist das stärker als viele Worte.

Standortsatz:
Finde einen Satz, der dich zentriert.
Beispiel: „Ich bin der sichere Ort."

Sag ihn innerlich – als Stabilisator für dein eigenes Nervensystem.

Neutraler Tonfall als Rettungsleine:
Auch wenn du innerlich angespannt bist: Dein Ton entscheidet. Sprich ruhig, langsamer, mit klarer Pausierung.

Minimalkontakt bei Rückzug:
Wenn dein Kind dich wegstößt: Sag leise, aber bestimmt: „Ich bin in der Nähe."
Du darfst gehen – aber nie wortlos. Deine Botschaft: *Ich lasse dich nicht wirklich allein.*

Was du nach dem Notfall tun kannst

Der Wutanfall ist vorbei. Dein Kind atmet ruhiger. Es kommt wieder „zurück". Jetzt beginnt der zweite Teil der Begleitung: Integration.

Dein Ziel jetzt ist nicht, alles zu erklären – sondern: zu verbinden.

Was hilft:

- Nähe anbieten: „Möchtest du kuscheln oder allein sein?"

- Nachbesprechung in einfacher Sprache: „Was war los in dir? Hast du gespürt, wie groß die Wut war?"

- Verantwortung stärken: „Weißt du, was du beim nächsten Mal machen könntest, statt zu hauen?"

- Vertrauen signalisieren: „Du darfst wütend sein. Und ich bin stolz, dass du dich jetzt wieder beruhigt hast."

Ein Notfallplan ersetzt nicht die tieferliegende Begleitung – aber er ist *das, was dich trägt, wenn du nicht mehr denken kannst.*
Er macht dich handlungsfähig, wenn du nur noch fühlen kannst.
Und er schützt die Verbindung zwischen dir und deinem Kind in den Momenten, die sonst am meisten trennen.

16. Die 3-Minuten-Regel für Krisen

Es gibt Situationen im Familienalltag, die binnen Sekunden eskalieren –
und ebenso Momente, in denen alles von drei kleinen Minuten abhängt.
Nicht von Pädagogik. Nicht von Perfektion. Sondern von deiner Haltung in diesen entscheidenden 180 Sekunden.

Die 3-Minuten-Regel ist ein einfaches, aber tief wirksames Modell, das dir hilft, akute emotionale Krisen zu begleiten.
Sie basiert auf dem Wissen, dass das kindliche Nervensystem in einer akuten Überforderung *nicht belehrbar, nicht steuerbar,* aber *hochgradig resonanzfähig* ist – wenn du weißt, was du tust.

Dieses Kapitel zeigt dir Schritt für Schritt, wie du diese drei Minuten nutzt – damit dein Kind sich nicht verlieren muss, sondern lernt, wie man in starken Gefühlen gehalten wird, ohne zerstören zu müssen.

Warum gerade drei Minuten?

Drei Minuten sind ein Zeitfenster, das für Kinder realistisch regulierbar ist.
Es ist:

- kurz genug, um nicht zu überfordern

- lang genug, um echte emotionale Veränderung einzuleiten

- strukturiert genug, um dein Handeln zu ordnen

- flexibel genug, um an jede Situation angepasst zu werden

Außerdem: Nach etwa drei Minuten beginnt sich das vegetative Nervensystem wieder zu beruhigen – sofern ein sicherer äußerer Rahmen vorhanden ist.

Das bedeutet:
Wenn du es schaffst, diese drei Minuten präsent und bewusst zu begleiten, kannst du den gesamten Verlauf der Situation verändern.

Die Struktur der 3-Minuten-Regel

Die Regel besteht aus drei Abschnitten à einer Minute – jede mit einem eigenen Fokus.
Je jünger das Kind, desto langsamer verläuft dieser Prozess – aber das Grundprinzip bleibt stabil.

1. Minute: Reizentkopplung
2. Minute: Regulation durch Verbindung
3. Minute: Rückkehr zur Orientierung

Wir schauen uns diese drei Phasen nun im Detail an.

Minute 1: Reizentkopplung – Den Sturm nicht größer machen

Ziel: Die emotionale Ladung nicht weiter verstärken.
In dieser Minute geht es darum, *nicht zu reagieren*, sondern Raum zu halten.
Das Kind ist überflutet, der präfrontale Kortex ist abgeschaltet, das Verhalten instinktgetrieben.

Was du tun kannst:

- Ruhig atmen – ganz bewusst

- Keine Fragen stellen

- Keine Erklärungen geben

- Körperspannung aus dem eigenen Körper nehmen

- Möglichst wenig sprechen – höchstens ein Satz wie „Ich bin da."

- Möglichst keine Berührungen, wenn das Kind sie ablehnt

- Blickkontakt vermeiden, wenn er zu viel wäre

Diese Minute dient der emotionalen Entladung – *nicht der Korrektur.*

Wenn du versuchst, zu „erziehen", eskaliert die Situation.
Wenn du versuchst, zu retten, übergehst du die Eigenverantwortung.
Wenn du einfach bleibst, beginnst du zu führen.

Minute 2: Regulation durch Verbindung – Mitgehen statt kontrollieren

Jetzt beginnt das Nervensystem deines Kindes, sich langsam neu zu sortieren.
Deine Aufgabe in dieser Minute ist: *Co-Regulation durch Beziehung.*
Das bedeutet: Du wirst zum Resonanzraum, in dem das Kind sich wiederfinden kann.

Was du tun kannst:

- Langsam sprechen – mit Pausen, ruhigem Ton

- Sätze anbieten wie:
  - „Ich sehe, wie viel da gerade in dir los ist."
  - „Ich helfe dir, da wieder rauszukommen."
  - „Dein Körper ist ganz aufgebracht – das darf sein."

- Wenn möglich: beruhigenden Körperkontakt anbieten

- Alternativen vorschlagen (z. B. „Willst du dich an mich lehnen oder dich auf das Kissen legen?")

- Mit dem Kind in der Nähe eines vertrauten Gegenstandes sein (z. B. Kuscheltier, Decke)

Ziel dieser Minute: Das Kind fühlt sich emotional gehalten, nicht bewertet.
Du sendest: *Ich sehe dich – und ich bleibe.*
Das allein verändert den inneren Zustand.

Minute 3: Rückkehr zur Orientierung – Wieder handlungsfähig werden

Jetzt ist dein Kind wieder ansprechbar – nicht vollständig reguliert, aber offen für Führung.
Die Emotion ist abgeebbt, das Verhalten noch fragil – jetzt kannst du die Orientierung wieder herstellen.

Was du tun kannst:

- In einfachen Worten spiegeln, was passiert ist:
  - „Das war ein großer Sturm in dir."
  - „Es war schwer für dich, ruhig zu bleiben."

- Eine klare Grenze benennen, ohne Schuldzuweisung:
  – „Du darfst dich ärgern. Aber schlagen ist nicht in Ordnung."

- Gemeinsam überlegen:
  – „Was hätte dir geholfen?"
  – „Wie können wir das das nächste Mal anders machen?"

- Eine beruhigende Handlung initiieren:
  – „Wollen wir zusammen etwas trinken?"
  – „Möchtest du deine Kuscheldecke holen?"
  – „Wollen wir kurz an die frische Luft gehen?"

Diese Minute ist die **Brücke zurück in den Alltag**.

Das Kind erlebt: *Ich war außer mir – aber ich bin wieder in mir angekommen.*

Ich habe etwas kaputt gemacht – aber ich darf es wiedergutmachen.

Ich war wütend – aber ich bin nicht allein damit geblieben.

Die innere Haltung hinter der Methode

Die 3-Minuten-Regel ist keine Technik – sie ist eine Haltung. Sie sagt:

- Ich bin nicht dein Gegner, auch wenn du gegen mich kämpfst.

- Ich halte dich, auch wenn du dich selbst gerade nicht halten kannst.

- Ich führe dich zurück – nicht, weil du schwach bist,
  sondern weil du lernen darfst.

Diese drei Minuten entscheiden nicht nur über das Verhalten
deines Kindes in einem Moment –
sie prägen seine Fähigkeit zur Regulation für ein ganzes Leben.

17. Nach dem Sturm – Wie wir trösten ohne zu verharmlosen

Wenn ein Wutanfall oder eine emotionale Eskalation vorüber ist, liegt oft eine gespannte Stille im Raum.

Das Kind ist erschöpft, vielleicht verlegen. Manchmal weint es leise oder wendet sich ab. Vielleicht sucht es aber auch direkt wieder Anschluss – als wäre nichts gewesen.

Und du als Elternteil?

Vielleicht bist du ebenfalls aufgewühlt. Vielleicht hast du einen kühlen Kopf bewahrt, vielleicht nicht. Vielleicht hast du geschrien, geweint, gezittert – und jetzt ist alles vorbei.

Oder doch nicht?

Was in diesen Minuten geschieht, ist entscheidend: Denn hier entscheidet sich, ob das Kind lernt, dass es nach einem emotionalen Ausnahmezustand **wieder in Verbindung kommen kann** – ohne Schuld, ohne Scham, aber auch ohne Verharmlosung.

Trösten bedeutet in diesem Kontext nicht, alles gut zu machen. Es bedeutet: **den Schmerz sehen, benennen, begleiten – und Orientierung geben**. Dieses Kapitel zeigt dir, wie das geht.

Was Kinder nach dem Wutanfall brauchen

Ein Kind, das gerade außer sich war, ist in einem besonders sensiblen Zustand.

Das Nervensystem hat sich langsam beruhigt, aber die emotionale Landkarte ist verwüstet:

War das alles zu viel? Bin ich falsch? Habe ich jetzt „alles kaputtgemacht"? Bin ich noch liebenswert?

Dein Kind fragt das nicht bewusst. Aber sein Inneres schreit nach Bestätigung:
Bin ich auch jetzt noch sicher bei dir?

Deshalb ist deine Haltung jetzt entscheidend. Trösten heißt:

- Nicht ignorieren

- Nicht beschämen

- Nicht analysieren

- Nicht schnell weitermachen, als sei nichts gewesen

Sondern:

- Verbindung wiederherstellen

- Emotion benennen

- Klarheit schaffen

- Verantwortung aufbauen – ohne Schuldzuweisung

Trösten heißt nicht verharmlosen

Viele Eltern geraten in ein Dilemma:
Einerseits möchten sie dem Kind nicht das Gefühl geben, etwas „falsch" gemacht zu haben –
andererseits möchten sie auch nicht den Eindruck erwecken, das Verhalten sei in Ordnung.

Deshalb ist wichtig: **Zwischen Emotion und Verhalten unterscheiden.**

Die Emotion war berechtigt – sie darf sein.
Das Verhalten darf dennoch begrenzt werden.

„Du warst sehr wütend, das habe ich gesehen. Es war dir zu viel. Und trotzdem darf man nicht hauen – das weißt du auch."

Oder:

„Ich habe gemerkt, dass du überfordert warst. Ich helfe dir, das besser auszuhalten. Aber ich lasse nicht zu, dass du Dinge kaputt machst."

So lernt das Kind:

- Meine Gefühle sind okay

- Ich darf mich ausdrücken

- Aber ich muss lernen, wie ich das tue

- Und: Ich werde nicht ausgeschlossen, wenn ich es noch nicht schaffe

---

Wie du trösten kannst – ganz konkret

Hier einige Sätze, die du situationsabhängig nutzen kannst, um dein Kind nach einem Wutausbruch liebevoll, aber klar zu begleiten:

Zur emotionalen Wiederverbindung:

- „Du bist wieder da, hm? Ich freue mich."

- „Ich sehe, du hast ganz schön viel erlebt gerade."

- „Ich bin stolz, dass du dich beruhigt hast."

- „Das war ganz schön anstrengend – für dich und für mich."

Zur Abgrenzung des Verhaltens:

- „Es war nicht okay, dass du gehauen hast – aber ich weiß, du wolltest mir nicht wirklich wehtun."

- „Du darfst sauer sein. Aber wir finden andere Wege, das zu zeigen."

- „Wenn du das nächste Mal merkst, dass es zu viel wird, ruf mich gleich."

Zur Stärkung der Beziehung:

- „Ich hab dich lieb – auch wenn es gerade schwierig war."

- „Wir beide schaffen das zusammen. Beim nächsten Mal klappt es schon ein bisschen besser."

- „Weißt du, jeder hat mal solche Momente. Auch Erwachsene."

Diese Sätze helfen, das Erlebte zu rahmen – nicht durch Strafe oder Bagatellisierung, sondern durch liebevolle Klarheit.

Körperliche Nähe als Brücke

Für viele Kinder ist **Körperkontakt nach einem Wutanfall** der einfachste Weg, wieder in Beziehung zu treten.
Nicht alle Kinder suchen diesen Kontakt aktiv – aber viele brauchen ihn, um sich wieder regulieren zu können.

Wenn dein Kind sich dir zuwendet:

- Halte es sanft im Arm

- Lass es sich anlehnen, ohne zu sprechen

- Streichle ruhig über den Rücken, den Kopf, die Hand

- Achte darauf, ob Nähe oder Distanz gerade besser reguliert

Wenn dein Kind eher distanziert ist:

- Biete an, in der Nähe zu bleiben

- Sag: „Ich bin da, wenn du mich brauchst."

- Mach ein ruhiges Angebot: „Ich mache dir ein Kissen fertig" oder „Magst du mit mir ein Buch anschauen?"

> **Die Brücke zur Beziehung darf immer sichtbar sein – aber sie muss nicht sofort betreten werden.**

Gemeinsame Rituale nach Gefühlsstürmen

Wiederkehrende, liebevolle Rituale können helfen, emotionale Erlebnisse zu integrieren.
Hier einige Möglichkeiten:

- **„Sturm-vorbei-Kakao"**: Gemeinsam etwas Warmes trinken nach einer Eskalation

- **„Kuschel-Zeit danach"**: 5–10 Minuten ungeteilte Aufmerksamkeit

- **„Gefühls-Malen"**: Das Erlebte gemeinsam aufmalen – ohne Bewertung

- **„Ruhe-Song"**: Immer denselben, beruhigenden Song abspielen

- **„Ich-bin-wieder-da"-Satz:** Ein kindgerechter Satz, den dein Kind sagen kann, wenn es sich wieder reguliert hat (z. B. „Ich bin wieder ruhig.")

Diese Rituale machen deutlich:
Starke Gefühle sind erlaubt – und die Rückkehr in die Verbindung auch.

Und was, wenn du Fehler gemacht hast?

Vielleicht bist du laut geworden.
Vielleicht hast du zu fest gegriffen.
Vielleicht hast du etwas gesagt, was du bereust.

Dann gilt: **Auch du darfst trösten – und zwar euch beide.**

Sag deinem Kind:

- „Es tut mir leid, dass ich so laut war. Ich war überfordert. Das war nicht gut – und ich arbeite daran."

- „Ich will dich nicht anschreien. Auch ich lerne noch, besser mit Gefühlen umzugehen."

- „Wir beide dürfen Fehler machen. Wichtig ist, dass wir daraus etwas machen."

Kinder lernen am stärksten durch Vorbild.
Wenn du dich entschuldigst, ohne dich kleinzumachen, lernt dein Kind:
Auch Erwachsene machen Fehler – und können sie wiedergutmachen.

Trösten heißt:

Du bist bei mir sicher. Auch wenn es stürmt. Auch wenn du tobst. Auch wenn es schwer war.

Und genau das brauchen Kinder, um echte Selbstregulation zu entwickeln – nicht aus Angst vor Strafe, sondern aus dem tiefen Wissen:

Ich darf fühlen. Und ich darf wachsen.

18. Was Kinder brauchen, um sich sicher zu fühlen

Die Fähigkeit zur Selbstregulation wächst nicht aus Strenge.
Sie wächst nicht aus Erziehungstechniken.
Und auch nicht aus pädagogischen Ratschlägen.

Sie wächst aus Sicherheit.

Ein Kind, das sich innerlich sicher fühlt, kann Frustration aushalten.
Es kann wütend sein, ohne zu zerstören.
Es kann sich beruhigen, ohne sich selbst zu verlieren.
Doch diese Sicherheit fällt nicht vom Himmel. Sie ist das Ergebnis einer inneren Erfahrung:
Ich bin getragen, gehalten, verstanden – auch in meinem Chaos.

In diesem Kapitel schauen wir uns an, was Kinder konkret brauchen, um sich sicher zu fühlen – emotional, körperlich, beziehungsmäßig. Es geht um Bindung, Struktur, Vorhersehbarkeit, Resonanz und Grenzen – nicht als Einschränkung, sondern als Form von Schutz.

---

1. Emotionale Sicherheit: Du bist da, wenn ich dich brauche

Emotionale Sicherheit bedeutet:
Ich verliere deine Liebe nicht, auch wenn ich mich verliere.

Kinder, die sich emotional sicher fühlen, haben erlebt:

- Meine Gefühle sind erlaubt

- Ich werde nicht beschämt, wenn ich ausraste

- Jemand bleibt bei mir, wenn ich traurig, wütend oder überfordert bin

- Ich werde gesehen – nicht nur in meiner Leistung, sondern in meinem Wesen

Was du tun kannst:

- Bleibe in der Verbindung, auch wenn das Verhalten schwierig ist

- Sprich Gefühle an, statt Verhalten allein zu bewerten

- Sage regelmäßig Sätze wie:
  – „Ich hab dich lieb – immer."
  – „Auch wenn du wütend bist, bleibe ich bei dir."
  – „Du darfst sein, wie du bist."

Kinder spüren diese Haltung – lange bevor sie sie begreifen können.

---

2. Körperliche Sicherheit: Du schützt mich und meine Grenzen

Ein sicherer Körperraum ist die Basis für jedes Kind. Dazu gehört:

- Ein Zuhause, in dem es verlässlich Schutz findet

- Ein Körper, der nicht beschämt oder verletzt wird

- Rituale, die körperliche Nähe liebevoll einbetten (z. B. Kuscheln, Tragen, Halten)

- Eltern, die selbst auf ihre Körpergrenzen achten und diese vermitteln

Achte darauf:

- Zwinge dein Kind nie zu Körperkontakt, wenn es das nicht möchte

- Reagiere klar, wenn Grenzen überschritten werden (z. B. bei Beißen, Hauen) – aber ohne Gewalt

- Zeige durch dein eigenes Verhalten: Grenzen schützen, sie strafen nicht

Ein Kind, das sich körperlich sicher fühlt, entwickelt Vertrauen – in andere und in sich selbst.

---

3. Strukturelle Sicherheit: Ich weiß, woran ich bin

Kinder brauchen keine starre Ordnung – aber sie brauchen **Verlässlichkeit**.
Wiederkehrende Strukturen geben Orientierung, gerade in einer Welt, die oft überwältigend wirkt.

Was Struktur bedeutet:

- Feste Rituale (z. B. Abendroutine, Morgenablauf)

- Klare Regeln, die regelmäßig erklärt und gelebt werden

- Vorhersehbarkeit: „Was passiert, wenn …?"

- Transparenz bei Übergängen und Veränderungen

Konkrete Tipps:

Bereich	Strukturbeispiel
Tagesablauf	Bildkarten mit Symbolen an der Wand

Bereich	Strukturbeispiel
Gefühle benennen	Tägliche Gefühlsrunde beim Abendessen
Übergänge	„In 5 Minuten gehen wir los, dann…"
Familienregeln	Sichtbar aufgeschriebene „Familienwerte"

Struktur bedeutet für Kinder:

Ich kenne den Rahmen – deshalb kann ich mich sicher darin bewegen.

---

4. Resonanz: Du siehst, was in mir vorgeht

Sicherheit entsteht nicht nur durch Präsenz – sondern durch echte Wahrnehmung.

Ein Kind, das spürt: *Ich werde gesehen*, kann sich auch in stürmischen Momenten besser halten.

Was Resonanz heißt:

- Ich nehme dein Gefühl wahr, auch wenn du es nicht benennst

- Ich nehme deine Körpersprache ernst

- Ich antworte nicht mechanisch, sondern echt

Beispiele für resonantes Verhalten:

- „Du hast dich erschrocken – das sehe ich an deinen Augen."

- „Du bist still geworden, das machst du oft, wenn dir etwas zu viel wird."

- „Ich merke, dass du gerade lieber allein bist – ich bin trotzdem in der Nähe."

Resonanz ist die Brücke zwischen Innenwelt und Außenwelt.
Sie zeigt dem Kind: *Ich bin nicht allein mit dem, was ich fühle.*

---

5. Klare, liebevolle Grenzen: Ich weiß, was erlaubt ist – und warum

Grenzen sind kein Widerspruch zu Sicherheit – sie sind ihre Voraussetzung.
Ein Kind ohne Grenzen ist orientierungslos.
Ein Kind mit harten Grenzen ist verängstigt.
Ein Kind mit **klaren, liebevollen Grenzen** fühlt sich sicher.

Wie gute Grenzen wirken:

- Sie erklären sich – statt blind zu funktionieren

- Sie schützen – statt zu bestrafen

- Sie sind konsequent – aber nicht starr

- Sie lassen Raum – ohne das Kind alleine zu lassen

Beispiel:

Statt: „Wenn du nicht hörst, gehst du ins Zimmer!"
Lieber: „Du brauchst gerade Ruhe. Ich bleibe draußen, bis du mich rufst."

Grenzen bedeuten: *Ich bin sicher – und du auch.*

Der Schlüssel zu allem: Deine innere Sicherheit

Kinder spiegeln den inneren Zustand ihrer Bezugspersonen. Das heißt auch: Du kannst nur so viel Sicherheit geben, wie du selbst fühlst.

Was hilft:

- Eigene Bedürfnisse nicht permanent übergehen
- Innere Antennen für Überforderung ernst nehmen
- Eigene emotionale Wunden anschauen
- Unterstützung suchen (Partner, Freundeskreis, therapeutisch)

Ein Kind fühlt: *Mama oder Papa sind bei sich – dann darf auch ich bei mir bleiben.*

> Sich sicher zu fühlen ist die Grundlage für jede Form von Selbstregulation.
> Erst wenn das Kind spürt, dass es innerlich *angekommen* ist, kann es lernen, sich selbst zu führen –
> nicht aus Angst oder Anpassung, sondern aus echtem inneren Halt.

Teil 4: Alltagsübungen für mehr Selbstregulation

Praktisch. Alltagstauglich. Kindgerecht.

In diesem vierten Teil stellen wir dir 50 Übungen vor, die dein Kind aktiv darin unterstützen, Selbstregulation zu erlernen und zu stärken – nicht im Kopf, sondern im ganzen Körper. Denn Regulation ist kein rein kognitiver Prozess. Sie beginnt im Nervensystem, in der Bewegung, im Erleben.

Die 50 Übungen sind aufgeteilt in drei zentrale Wirkbereiche:

1. **Bewegung und Reizverarbeitung** (Kapitel 19)

2. **Achtsamkeit, Atem und Körpergefühl** (Kapitel 20–21)

3. **Gefühle erkennen, benennen und kreativ verarbeiten** (Kapitel 22–25)

Jede Übung ist so konzipiert, dass sie leicht im Familienalltag umsetzbar ist – ohne viel Material, ohne Vorbereitungszeit. Sie helfen Kindern, Spannungen abzubauen, sich zu zentrieren, ihre Impulse zu steuern und mit schwierigen Gefühlen umzugehen.

Wir beginnen jetzt mit Kapitel 19 und den ersten Übungen: **Bewegungsspiele zur Reizverarbeitung.**

19. Bewegungsspiele zur Reizverarbeitung

Kinder verarbeiten Reize nicht im Sitzen – sondern in Bewegung.

Sie brauchen Körpererfahrungen, um innere Spannungen abzuleiten, sich im Raum zu spüren und ihre Nervensysteme auszubalancieren.

Gerade Kinder mit intensiver Wahrnehmung (hohe Reizoffenheit, AD(H)S-Tendenzen, Impulsivität) profitieren enorm von gezielten Bewegungseinheiten. Nicht als Sportprogramm – sondern als Ventil, als Strukturgeber, als Regulationstraining im Spiel.

Hier findest du **15 bewährte Bewegungsspiele**, die du drinnen oder draußen durchführen kannst – viele davon ohne jedes Material.

Übersicht: Ziele der Übungen in diesem Kapitel

Ziel der Übung	Wirkung auf die Selbstregulation
Reize abbauen	Spannung entladen, aggressive Impulse kanalisieren
Gleichgewicht & Koordination stärken	Nervensystem beruhigen, Konzentration fördern
Rhythmus und Wiederholung erleben	Sicherheit schaffen, innere Strukturen aufbauen

Ziel der Übung	Wirkung auf die Selbstregulation
Körpergrenzen erfahren	Impulskontrolle stärken, sozial angemessenes Verhalten fördern

Bewegungsspiele (1–15)

1. Tierlauf-Parcours

Ziel: Koordination, Spannung abbauen

So geht's: Auf einem weichen Untergrund (z. B. Teppich, Wiese) kriechen, robben, hüpfen – je nach Tierrolle (Frosch, Schlange, Elefant, Katze). Du gibst die Ansage, dein Kind imitiert.

Variation: Hindernisse integrieren (z. B. unter dem Tisch durch, um das Kissen herum).

Dauer: 10–15 Minuten

2. Die heiße Kartoffel

Ziel: Reaktionsfähigkeit, Impulskontrolle

So geht's: Einen weichen Ball wie eine heiße Kartoffel hin- und herwerfen – möglichst schnell, ohne dass er runterfällt. Wer den Ball nicht fängt, muss eine lustige Bewegung machen (z. B. Hampelmann).

Variation: Musik anmachen, Tempo wechseln lassen.

Dauer: 5–10 Minuten

3. Stampf-Spur

Ziel: Erdung, Körperkraft erleben

So geht's: Kind stampft laut durch den Raum und ruft bei jedem Schritt einen Satz: „Ich bin stark!", „Ich bin hier!"

Variation: Barfuß auf unterschiedlichen Untergründen laufen (Teppich, Matte, Holz).

Dauer: 3–5 Minuten

4. Kissen-Balance

Ziel: Gleichgewicht, innere Zentrierung

So geht's: Kissen auf dem Kopf balancieren und durch den Raum gehen. Verschiedene Haltungen ausprobieren (Hände oben, hinter dem Rücken, auf Zehenspitzen).

Variation: Kleine Hindernisbahn aufbauen.

Dauer: 5–7 Minuten

5. Der Eisbär und der heiße Boden

Ziel: Impulsbremse, vorausschauendes Handeln

So geht's: Kind darf sich nur bewegen, wenn du „Eisbär" rufst – bei „heißer Boden" muss es sofort erstarren.

Variation: Schwieriger mit mehreren Kommandos (z. B. „Schneeflocke" = in die Hocke gehen).

Dauer: 10 Minuten

6. Tunnel-Reise

Ziel: Reizabschirmung, Körpereingrenzung

So geht's: Krabbeln durch einen Tunnel (z. B. Stoffröhre, unter Stühlen mit Decke).

Variation: Kleine Aufgaben unterwegs (etwas einsammeln, Farben nennen).

Dauer: 5–10 Minuten

7. Tierischer Widerstand

Ziel: Tiefensensibilität, Spannungsabbau

So geht's: Dein Kind lehnt sich gegen deine flachen Hände oder drückt mit den Füßen gegen dich. Du hältst gegen, gibst aber kontrolliert nach.

Variation: Auch mit Gymnastikball möglich.

Dauer: 3 Minuten pro Runde

8. Der schwere Rucksack

Ziel: Körper spüren, langsamer werden

So geht's: Dein Kind trägt einen Rucksack mit gefüllten Wasserflaschen (altersgerecht) durch die Wohnung oder in der Natur – langsam, mit Aufmerksamkeit.

Variation: Balance-Parcours mit „schwerem Gepäck".

Dauer: 10 Minuten

9. Der Farbenlauf

Ziel: Aufmerksamkeit und Bewegungssteuerung

So geht's: Farbpunkte (z. B. Filzstücke, Bauklötze) im Raum verteilen. Du rufst: „Rot!", und das Kind läuft dorthin.

Variation: Reihenfolgen rufen („Gelb – Blau – Grün"), mit Zeitdruck.

Dauer: 7–10 Minuten

10. Dosenwerfen mit Regeln

Ziel: Impulssteuerung, Frustrationstoleranz

So geht's: Kind wirft auf gestapelte Dosen – muss aber warten, bis du „Los" rufst. Vorheriges Werfen = kein Punkt.

Variation: Dosen mit Gesichtern (Wut, Freude...) bemalen.

Dauer: 10–15 Minuten

11. Tuch-Jagd

Ziel: Reaktionsgeschwindigkeit, soziale Impulskontrolle

So geht's: Kind hat ein Stofftuch hinten im Hosenbund. Du versuchst, es zu klauen – Kind schützt es durch Ausweichen.

Variation: Mehrere Kinder = Teamarbeit.

Dauer: 5–10 Minuten

12. Gummi-Tier ziehen

Ziel: Muskelspannung regulieren

So geht's: Mit einem Gymnastikband oder alten Tuch das Kind „ziehen lassen" – es hält fest, du ziehst. Kraft dosieren.

Variation: Ziehen mit geschlossenen Augen.

Dauer: 5 Minuten

13. Fliesen-Frosch

Ziel: Raumwahrnehmung, Rhythmusgefühl

So geht's: Kind hüpft von Fliese zu Fliese (oder Kreppband auf Teppich), zählt mit: „Hopp – zwei – drei – Pause."

Variation: Musik dazu nutzen.

Dauer: 5–8 Minuten

14. Schnapp-das-Tier

Ziel: Bewegungsimpulse kontrollieren

So geht's: Stofftiere auf Boden verteilen. Nur beim Signal darf das Kind losrennen und eins holen.

Variation: Tiernamen vorher nennen oder zuordnen lassen.

Dauer: 5–10 Minuten

15. Die Muskelmaschine

Ziel: Körperspannung aufbauen und bewusst lösen

So geht's: Kind spannt Muskeln so fest wie möglich an (wie eine „Maschine") – dann auf Kommando alles locker lassen.

Variation: Mit Tierrollen (z. B. „Wut-Tiger spannt sich an – jetzt wird er müde.")

Dauer: 5 Minuten

20. Achtsamkeit mit Kindern – ganz einfach

Achtsamkeit bedeutet: *Da sein, ohne zu bewerten. Den Moment spüren, ohne zu hetzen. Sich selbst fühlen, ohne sich zu überfordern.*

Für Kinder ist Achtsamkeit keine Meditation im Lotussitz. Es ist ein spielerisches, absichtsfreies Eintauchen in den Moment. Und genau darin liegt ihr Wert für die Selbstregulation: Kinder lernen, ihren inneren Zustand zu spüren, bevor er kippt – und entwickeln ein feines Gespür für Grenzen, Reize und Gefühle.

In diesem Kapitel findest du **10 einfache Achtsamkeitsübungen**, die du jederzeit im Alltag integrieren kannst. Viele dauern nur wenige Minuten – aber ihre Wirkung ist tiefgreifend.

Übersicht: Ziele der Übungen in diesem Kapitel

Ziel der Übung	Wirkung auf Selbstregulation
Körperwahrnehmung stärken	Kind spürt Anspannung früher und kann gegensteuern
Aufmerksamkeit fokussieren	Impulse kontrollieren, Reize besser sortieren
Gedanken und Gefühle beobachten	Bewusstsein für innere Prozesse entwickeln
Selbst-Mitgefühl fördern	Sich selbst liebevoll begegnen – auch in schwierigen Momenten

16. Der Glitzer-Schüttelstein

Ziel: Gefühle beobachten statt verdrängen

So geht's: In einem Schraubglas mit Wasser und Glitzer das Kind schütteln lassen („Wenn du aufgewühlt bist"). Danach ruhig beobachten, wie der Glitzer langsam sinkt.

Impuls: „Wie fühlt es sich an, wenn es in dir langsam wieder klar wird?"

Dauer: 2–3 Minuten

17. Der Schmetterling auf der Hand

Ziel: Atmung wahrnehmen

So geht's: Kind legt eine flache Hand auf den Bauch oder hält die andere Hand ganz leicht darüber. Mit jedem Atemzug hebt und senkt sich die Hand – wie ein Schmetterling, der landet und wieder fliegt.

Dauer: 2–5 Minuten

18. Lausche dem Geräusch

Ziel: Fokus auf den Moment

So geht's: Klingel, Klangschale oder Glas anschlagen – Kind hört zu, solange der Ton da ist. Erst wenn es nichts mehr hört, darf es den Finger heben.

Variation: Danach 5 weitere Geräusche im Raum benennen.

Dauer: 3 Minuten

19. Der Achtsamkeitsgang

Ziel: Im eigenen Tempo sein, Bewegung spüren

So geht's: Gemeinsam ganz langsam durch den Raum oder den Garten gehen. Jeder Schritt wird bewusst gesetzt: Ferse, Fußsohle, Zehen.

Variation: Barfuß auf unterschiedlichen Untergründen.

Dauer: 5–10 Minuten

20. Der kleine Beobachter

Ziel: Gedanken und Gefühle trennen lernen

So geht's: Kind denkt still an etwas Schönes oder Schwieriges. Danach malt es ein Symbol dafür (z. B. Wolke, Sonne, Blitz). Dann sagt es: „Ich habe diesen Gedanken – aber ich *bin* nicht dieser Gedanke."

Impuls: Einführung in Selbstwahrnehmung ohne Identifikation

Dauer: 10 Minuten

21. Der achtsame Snack

Ziel: Bewusst genießen, entschleunigen

So geht's: Kind bekommt z. B. eine Rosine, ein Stück Apfel oder Schokolade. Es betrachtet, riecht, tastet, schmeckt ganz langsam – mit geschlossenen Augen.

Variation: Mehrere kleine Snacks als Achtsamkeits-Menü.

Dauer: 10 Minuten

22. Wetterbericht aus dem Bauch

Ziel: Emotionen wahrnehmen und benennen

So geht's: Kind legt die Hände auf den Bauch und beschreibt „das Wetter da drin": „Sonne", „Gewitter", „Nebel".

Impuls: Gefühle als Wetter – sie kommen und gehen.

Dauer: 5 Minuten

23. Der stille Kreis

Ziel: Gemeinsam zur Ruhe kommen

So geht's: Familie sitzt im Kreis. Jedes Kind sagt nur dann etwas, wenn es wirklich etwas sagen will – ansonsten wird gemeinsam geschwiegen. Danach darf jeder teilen, was im Inneren los war.

Dauer: 5–10 Minuten

24. Ich sehe... ganz achtsam

Ziel: Fokus und Präsenz

So geht's: Kind sitzt am Fenster oder draußen. Dann beginnt es zu sagen: „Ich sehe ... eine Wolke, ein Blatt, ein Auto ..." – langsam, bewusst, mit kurzen Pausen.

Variation: Gleiche Übung für „Ich höre ..." oder „Ich rieche ..."

Dauer: 5 Minuten

25. Selbstliebe-Sätze

Ziel: Selbstmitgefühl und Stabilität aufbauen

So geht's: Kind spricht einfache Sätze leise oder laut:

– „Ich darf Fehler machen."

– „Ich bin wichtig."

– „Ich bin liebenswert."

Du kannst es dabei unterstützen oder diese Sätze als Familienritual einführen.

Dauer: 2–5 Minuten

21. Atemübungen für kleine Wutwellen

Die Atmung ist der direkteste Zugang zum Nervensystem.
Sie ist wie ein Regler zwischen Anspannung und Entspannung,
zwischen innerem Chaos und äußerer Kontrolle.
Gerade bei starken Gefühlen wie Wut, Trotz oder Angst hilft
bewusstes Atmen Kindern, sich zu zentrieren – *nicht durch
Unterdrückung, sondern durch Verbindung mit sich selbst.*

In diesem Kapitel lernst du 10 kindgerechte Atemübungen
kennen, die helfen, innere Stürme zu besänftigen – einfach,
fantasievoll und sofort einsetzbar.

Übersicht: Ziele der Übungen in diesem Kapitel

Ziel der Übung	Wirkung auf Selbstregulation
Nervensystem beruhigen	Wutausbrüche vorbeugen oder abmildern
Selbstwirksamkeit spüren	Kind erfährt: Ich kann mich selbst beruhigen
Verbindung zum Körper herstellen	Kontrolle statt Kontrollverlust
Impulskontrolle trainieren	Handlung statt Reaktion

26. Die Pusteblume

Ziel: Langsames Ausatmen lernen

So geht's: Kind stellt sich vor, es pustet eine Pusteblume an. Langsam, sanft – damit die Schirmchen fliegen.

Variation: Echte Pusteblume draußen oder Papierblume basteln.

Dauer: 3–5 Minuten

27. Die Wut-Kerze

Ziel: Spannung regulieren

So geht's: Kind pustet eine „Kerze" aus – aber nicht mit einem Stoß, sondern ganz sanft. Dann erneut. Ziel: Kontrolle statt Impuls.

Variation: Eine echte Kerze verwenden (mit Aufsicht).

Dauer: 5 Minuten

28. Die Löwenatmung

Ziel: Wut ausdrücken ohne zu verletzen

So geht's: Kind atmet tief ein, öffnet beim Ausatmen weit den Mund, streckt die Zunge raus und macht ein kräftiges Fauchen.

Impuls: Energie rauslassen – aber kanalisiert.

Dauer: 5 Minuten

29. Der heiße Kakao

Ziel: Tiefe, ruhige Atmung üben

So geht's: Kind tut so, als halte es eine Tasse heißen Kakao. Es riecht daran (tief einatmen) und pustet dann, um ihn abzukühlen (langsam ausatmen).

Dauer: 3–5 Minuten

30. Die Hand-Atemreise

Ziel: Achtsame Atmung mit Bewegung verbinden

So geht's: Kind spreizt die Hand und fährt mit einem Finger langsam an den Fingern entlang: Hoch = einatmen, runter = ausatmen.

Variation: Mit geschlossenen Augen.

Dauer: 5 Minuten

31. Der Ballonbauch

Ziel: Bauchatmung bewusst erfahren

So geht's: Kind legt die Hände auf den Bauch. Beim Einatmen sagt es: „Der Ballon wird groß" – beim Ausatmen: „Der Ballon wird klein."

Variation: Stofftier auf dem Bauch „atmen lassen".

Dauer: 5 Minuten

32. Die Wellenatmung

Ziel: Entspannung im Fluss erleben

So geht's: Kind atmet ein und hebt dabei die Arme langsam über den Kopf. Beim Ausatmen senkt es sie wieder – wie eine Welle.

Impuls: Bewegung hilft bei Regulation.

Dauer: 5 Minuten

33. Der Atem-Stern

Ziel: Rhythmus entwickeln

So geht's: Atem-Stern auf Papier malen mit 5 Zacken. Einatmen – Zacken hoch, Ausatmen – Zacken runter. Atemtempo wird sichtbar.

Dauer: 5–7 Minuten

34. Die Summ-Biene

Ziel: Vibration beruhigt

So geht's: Kind atmet ein und summt beim Ausatmen wie eine Biene: „Mmmmmm". Dabei Hände auf Brust oder Wangen legen – Vibration spüren.

Variation: Summen in verschiedenen Tonhöhen.

Dauer: 3–5 Minuten

35. Der Wind im Baum

Ziel: Fantasie nutzen, um Atem zu steuern

So geht's: Kind steht wie ein Baum. Es atmet ein – hebt die Arme wie Äste. Beim Ausatmen lässt es sie im Wind wehen.

Impuls: Atem = Bewegung = Gefühl = Ausdruck

Dauer: 5–10 Minuten

22. Bastelideen zum Gefühlserforschen

Manchmal müssen Gefühle zuerst sichtbar werden – bevor Kinder sie benennen oder regulieren können.
Gerade für Kinder im Vorschulalter sind Worte oft noch nicht genug. Sie brauchen Hände, Farben, Formen – sie brauchen kreative Wege, um ihre Innenwelt nach außen zu bringen.

Dieses Kapitel enthält **fünf kreative Bastelübungen** (36–40), die Kindern helfen, ihre Gefühle spielerisch zu entdecken, ihnen Ausdruck zu verleihen und erste Ordnungsstrukturen dafür zu entwickeln.

Übersicht: Ziele der Übungen in diesem Kapitel

Ziel der Übung	Wirkung auf Selbstregulation
Gefühle sichtbar machen	Zugang zur inneren Welt fördern
Symbolisches Denken anregen	Emotionen verarbeiten, ohne sie überrollen zu lassen
Feinmotorik und Konzentration fördern	Zentrierung, Geduld und Selbstwirksamkeit trainieren
Sprachliche Begleitung stärken	Gefühle benennen lernen durch äußere Anker

36. Das Gefühls-Malglas

Ziel: Gefühle in Farben ausdrücken

So geht's: Dein Kind bekommt ein leeres Marmeladenglas und malt auf kleine Zettel verschiedene Gefühle – mit Farben, Formen oder Symbolen. Diese werden ins Glas geworfen.

Impuls: Bei Gesprächsbedarf kann ein Zettel gezogen werden.

Variation: Mehrere Gläser – eines für „heute", eines für „immer", eines für „vergangen".

Dauer: 15–20 Minuten

37. Das Monster der Wut

Ziel: Wut gestalten und benennen lernen

So geht's: Aus Knete, Papier, Ton oder Stoffresten bastelt dein Kind sein ganz persönliches „Wutmonster" – so wild, so bunt oder so fies, wie es will.

Impuls: Gib dem Monster einen Namen, frage: „Was hilft ihm, sich zu beruhigen?"

Dauer: 30 Minuten

38. Die Gefühlscollage

Ziel: Emotionale Vielfalt entdecken

So geht's: Aus Zeitschriften oder alten Kinderbüchern werden Gesichter, Farben, Gegenstände ausgeschnitten und auf ein großes Blatt geklebt – zu „Wut", „Trauer", „Freude", „Langeweile" usw.

Variation: Für jede Emotion ein eigenes Blatt.

Dauer: 20–30 Minuten

39. Mein Gefühl heute – Steckbrief

Ziel: Emotionen kindgerecht benennen

So geht's: Dein Kind füllt einen einfachen Steckbrief aus:

– Wie heißt dein Gefühl heute?

– Welche Farbe hat es?

– Wo sitzt es im Körper?

– Was will es dir sagen?

Variation: Täglich führen wie ein Gefühls-Tagebuch.

Dauer: 10 Minuten

40. Die Gefühlspuppe

Ziel: Gefühle in Figuren projizieren

So geht's: Kind bastelt eine einfache Puppe oder Figur (aus Löffel, Stoff, Papier) und verleiht ihr Gefühle. Es kann mit ihr sprechen, sie trösten oder wütend sein lassen.

Impuls: Über die Puppe gelingt oft, was direkt nicht möglich ist.

Dauer: 20–30 Minuten

23. Das Emotionsbarometer

Kinder können nicht regulieren, was sie nicht wahrnehmen. Das „Emotionsbarometer" ist ein Werkzeug, das hilft, Gefühle *frühzeitig* einzuordnen – noch bevor sie überkochen. Es schafft ein Bild für innere Zustände, ähnlich wie ein Wetterbericht oder eine Temperaturanzeige. So können Kinder lernen, ihre Stimmungslage einzuschätzen und entsprechend zu handeln.

In diesem Kapitel erhältst du **fünf einfache, aber sehr wirkungsvolle Übungen** (41–45), mit denen Kinder ihr inneres Wetter erkennen, mitteilen und dadurch frühzeitig regulieren können.

Übersicht: Ziele der Übungen in diesem Kapitel

Ziel der Übung	Wirkung auf Selbstregulation
Frühwarnsystem für Gefühle entwickeln	Gefühlsausbrüche vorbeugen
Selbstwahrnehmung stärken	Kind erkennt: Wie geht es mir gerade?
Sprache und Bild verknüpfen	Gefühle werden konkreter, greifbarer
Handlungsspielraum eröffnen	Kind lernt: Ich kann Einfluss auf mein inneres Wetter nehmen

41. Das Gefühls-Thermometer

Ziel: Gefühle visuell einordnen

So geht's: Ein großes Thermometer aus Pappe basteln – oben „kochend heiß" (Wut), unten „eiskalt" (Traurigkeit, Rückzug), in der Mitte „angenehm". Kind schiebt einen Pfeil dorthin, wo es sich gerade fühlt.

Variation: Mehrere Thermometer für verschiedene Emotionen.

Dauer: 15–20 Minuten

42. Der Gefühlsfahrstuhl

Ziel: Stimmungslage dynamisch darstellen

So geht's: Kind malt einen Aufzug mit mehreren Etagen – jede steht für ein Gefühl (z. B. Panik im Keller, Neugier im Erdgeschoss, Freude im Dachgeschoss). Pfeil zeigt, wo es gerade steht.

Variation: Aufzug kann im Tagesverlauf mehrmals „fahren".

Dauer: 10 Minuten

43. Die Farbskala der Gefühle

Ziel: Emotionale Nuancen erkennen

So geht's: Ein Bogen mit Farbverlauf (z. B. von Blau über Grün zu Rot). Jede Farbe steht für ein Gefühl. Kind wählt eine Farbe für den Moment.

Impuls: „Welche Farbe warst du heute früh? Und jetzt?"

Dauer: 10–15 Minuten

44. Mein inneres Wetter heute

Ziel: Emotionen intuitiv ausdrücken

So geht's: Kind zeichnet oder beschreibt sein „Wetter": Regen, Sonne, Nebel, Sturm, Donner, Regenbogen ...

Variation: Wetter-Tafel für jeden Tag führen.

Dauer: 10 Minuten

45. Die Ampel der Gefühle

Ziel: Impulswahrnehmung und Handlungsplanung

So geht's: Rote Ampel = Ich bin aufgebracht, brauche Hilfe.

Gelb = Ich spüre Anspannung, brauche Pause.

Grün = Ich bin ruhig, kann selbst entscheiden.

Kind zeigt durch Aufkleber, Magnet oder Zeichnung, wo es steht.

Variation: Ampel auch im Gruppenalltag verwendbar (z. B. im Kindergarten).

Dauer: 5–10 Minuten

24. Die Gefühlekiste – Ein Werkzeug für zuhause

Gefühle sind keine Feinde, die bekämpft werden müssen – sie sind wie kleine Botschafter, die gesehen, gespürt und verstanden werden wollen.

Eine **Gefühlekiste** schafft für Kinder einen sicheren Raum, um mit ihren Emotionen in Kontakt zu kommen – nicht im Kopf, sondern über alle Sinne.

In diesem Kapitel findest du **fünf einfache, aber tiefwirksame Übungen** (46–50), mit denen du gemeinsam mit deinem Kind eine Gefühlekiste gestalten kannst. Sie wird im Alltag zum Rückzugsort, zur Beruhigungsstation und zur Schatztruhe für emotionale Entwicklung.

Übersicht: Ziele der Übungen in diesem Kapitel

Ziel der Übung	Wirkung auf Selbstregulation
Gefühle greifbar machen	Kind bekommt Struktur und Halt
Sinneserfahrungen nutzen	Regulation über Körperempfinden
Selbstfürsorge kindgerecht einführen	Kind erlebt: Ich darf gut mit mir umgehen
Rituale der Beruhigung etablieren	Verlässliche Hilfe im Alltag bei emotionalen Krisen

46. Die Kiste gestalten – Mein sicherer Ort

Ziel: Symbolische Verankerung schaffen

So geht's: Gemeinsames Basteln oder Bekleben einer Schuhschachtel, Holzkiste o. Ä. – mit Lieblingsfarben, Symbolen, Namen des Kindes.

Variation: Deckel von innen mit einem Mut-Spruch bemalen.

Impuls: Kind soll wissen: *Diese Kiste ist nur für dich – ein Ort, an dem du dich um dich kümmern darfst.*

Dauer: 30–60 Minuten

47. Die Wut-Knautsch-Ball-Station

Ziel: Wut ausdrücken, ohne Schaden anzurichten

So geht's: Knautschbälle aus Luftballons und Mehl, Reis oder Sand basteln. In die Kiste legen – als erste Hilfe bei innerem Druck.

Variation: Jeder Ball bekommt einen Namen („Krawallo", „Zappel-Wutz").

Dauer: 20–30 Minuten

48. Der Ruhe-Karton

Ziel: Reizregulation über Sinne

So geht's: Dinge hineingeben, die beruhigend wirken – z. B. kleines Lavendelkissen, leise Spieluhr, glatte Steine, kuscheliges Tuch.

Impuls: Gemeinsam überlegen: *Was tut dir gut, wenn du traurig oder wütend bist?*

Dauer: variabel, immer wieder erweiterbar

49. Die Gefühlskarten-Sammlung

Ziel: Emotionen benennen und sortieren

So geht's: Karten mit Gesichtsausdrücken, Farben oder Symbolen (z. B. Sonne, Gewitter, Regen) sammeln oder basteln. Bei Bedarf Karten ziehen: *Was fühlst du? Was brauchst du jetzt?*

Variation: Kartenlaminieren für längere Haltbarkeit.

Dauer: 15–20 Minuten

50. Die Ich-tröste-mich-Liste

Ziel: Selbstregulation durch Selbstwirksamkeit

So geht's: Liste mit kleinen Dingen erstellen, die dem Kind guttun – gemeinsam aufschreiben oder malen. Beispiele: „Tee trinken", „in den Himmel schauen", „mit dem Stofftier reden", „unter die Decke kriechen".

Impuls: Bei starker Anspannung darf das Kind selbst auswählen, was es jetzt braucht.

Dauer: 10–15 Minuten

Die Gefühlekiste ist kein Zaubermittel – aber sie macht etwas Magisches:
Sie zeigt deinem Kind, dass Gefühle nicht weggesperrt, sondern eingeladen werden dürfen.
Dass sie Platz haben, Zeit bekommen und liebevoll begleitet werden.

Und: Sie macht Eltern zu *emotionalen Möglichmachern*, nicht zu Kontrolleuren.

Teil 5 Selbstregulation ist ein Geschenk – an dein Kind, an dich, an eure Beziehung

Es gibt diese stillen Momente im Alltag, in denen plötzlich alles zusammenpasst.

Dein Kind schaut dich an – mit Spuren von Wut, Trotz, Tränen – und du spürst: *Jetzt kann ich halten, was es braucht. Jetzt verstehe ich, was darunter liegt. Jetzt sind wir verbunden.*

Das ist Selbstregulation. Nicht als Technik. Nicht als Methode. Sondern als Haltung, als Beziehung, als inneres Geschenk.

Du bist nicht nur Erziehende – du bist Co-Regulierende

Wenn dein Kind lernt, sich selbst zu beruhigen, dann nicht, weil du es trainiert hast.

Sondern weil du es ihm vorgemacht hast. Immer wieder.

Weil du *dein eigenes Nervensystem* beruhigt hast, bevor du es reguliert hast.

Weil du da geblieben bist, wenn es wild wurde.

Weil du gesehen hast, *wer dein Kind wirklich ist* – auch unter der Wut, hinter dem Trotz, mitten im Sturm.

Diese Präsenz, diese liebevolle Klarheit, diese Geduld ist nicht selbstverständlich.

Sie ist eine tägliche Entscheidung. Und sie macht den Unterschied.

Selbstregulation ist keine Perfektion

Eltern, die Selbstregulation fördern, sind nicht immer ruhig.
Sie schreien manchmal. Sie zweifeln. Sie sind müde.
Und trotzdem – oder gerade deshalb – sind sie stark.
Denn sie versuchen, sich selbst zu verstehen.
Sie fragen: *Was hat mein Kind gerade wirklich gebraucht?*
Sie entschuldigen sich. Sie beginnen neu. Sie wachsen.

Das ist wahre Stärke.
Nicht Fehlerlosigkeit, sondern die Bereitschaft, hinzusehen.
Nicht Kontrolle, sondern Verbindung.

> **Dein Kind braucht keine fehlerlose Mutter, keinen perfekten Vater.**

Es braucht *einen echten Menschen*, der fühlt, was es fühlt.
Der Grenzen zeigt, weil er liebt.
Der Nähe zulässt, obwohl er manchmal selbst überfordert ist.
Der sich traut zu sagen: *Ich verstehe dich gerade nicht – aber ich bin da.*
Und: *Ich sorge für mich, damit ich gut für dich sorgen kann.*

Selbstregulation entsteht nicht durch „Erziehung", sondern durch Begegnung.

Die innere Stimme deines Kindes wird deine Stimme sein

In vielen Jahren, wenn dein Kind erwachsen ist, wird es eine leise Stimme in sich tragen.

Diese Stimme wird sagen:

„Ich darf fühlen."

„Ich darf mir Zeit nehmen."

„Ich darf Nein sagen."

„Ich kann mich selbst beruhigen."

„Ich bin in Ordnung – auch wenn ich gerade überfordert bin."

Diese Stimme – das wirst du sein.

Mit jedem Moment, in dem du nicht weggesehen hast.

Mit jedem Satz, den du in Liebe gesprochen hast.

Mit jeder Grenze, die du in Klarheit und Wärme gesetzt hast.

Vielleicht zweifelst du.
Vielleicht denkst du: *Ich bin oft überfordert. Ich verliere die
Nerven. Ich schaffe das nicht.*

Doch dein Kind spürt deine Liebe. Es spürt deinen Versuch.
Und das reicht.

Selbstregulation ist keine Leistung. Es ist ein Weg.
Ein Weg, den du begonnen hast. Mit diesem Buch.
Mit deiner Bereitschaft, hinzusehen.
Mit deiner Liebe.

Danke, dass du da bist.
Danke, dass du dein Kind begleitest.
Danke, dass du dich selbst nicht vergisst.

Bonus-Teil: Für Eltern, die mitwachsen wollen

1. Selbstcheck: Wie gut kann ich mich als Elternteil selbst regulieren?

Du bist das wichtigste Vorbild für dein Kind.
Wie du mit deinen eigenen Gefühlen umgehst, prägt, wie dein Kind mit seinen umgeht.

Dieser kleine Selbsttest hilft dir, deine eigenen Muster besser zu verstehen – ganz ohne Bewertung, aber mit vielen Aha-Momenten.
Kreuze ehrlich an, was auf dich zutrifft.

Teil A – Wie reagiere ich in akuten Stressmomenten?

[ ] Ich atme zuerst tief durch, bevor ich reagiere.
[ ] Ich merke manchmal gar nicht, wie sehr ich mich gerade anspanne.
[ ] Ich werde laut, obwohl ich das eigentlich nicht will.
[ ] Ich kann meine Emotionen gut benennen, auch vor meinem Kind.
[ ] Ich brauche oft lange, um mich nach einem Wutanfall meines Kindes zu beruhigen.

Teil B – Wie gehe ich mit meinen eigenen Gefühlen um?

[ ] Ich kann auch unangenehme Gefühle aushalten, ohne sofort zu handeln.

[ ] Ich fühle mich manchmal überfordert, aber ich spreche nicht darüber.

[ ] Ich weiß, was mir in Stressmomenten guttut.

[ ] Ich schäme mich manchmal für meine Reaktionen als Mutter/Vater.

[ ] Ich nehme mir regelmäßig Zeit, um selbst wieder in Balance zu kommen.

Teil C – Wie verhalte ich mich im Familienalltag?

[ ] Ich plane Pausen und Rückzugsorte bewusst mit ein – auch für mich.

[ ] Ich verliere die Kontrolle, wenn mein Kind „nicht hört".

[ ] Ich kann meinem Kind Halt geben, auch wenn es emotional „explodiert".

[ ] Ich reflektiere nach Konflikten, was ich hätte anders machen können.

[ ] Ich bin streng mit mir selbst, wenn ich Fehler mache.

Zähle, wie viele Kästchen du angekreuzt hast bei Aussagen, die auf dich zutreffen.

Anzahl der zutreffenden Aussagen	Bedeutung für deine Selbstregulation
0–5	Du bist gerade sehr gefordert – vielleicht fehlt dir selbst ein sicherer Ort. Nimm diesen Test als Einladung zur Selbstfürsorge. Kleine Schritte bewirken viel.
6–10	Du hast bereits gute Strategien, stehst aber öfter unter innerem Druck. Achte gut auf deine Bedürfnisse – du darfst dich mitversorgen.
11–15	Du bist auf einem starken Weg! Selbstreflexion und Selbstfürsorge gelingen dir immer besser – ein wertvolles Geschenk an dein Kind.

Wichtig: *Es geht nicht um richtig oder falsch.*

Sondern darum, dir selbst mit Freundlichkeit zu begegnen.

Du musst nicht perfekt sein – aber du darfst wachsen.

2. Die Familien-Emotionsampel – Gefühle sichtbar machen

Kinder (und Eltern!) brauchen Sprache für das, was innerlich passiert.

Die Emotionsampel hilft dabei, den eigenen Zustand einzuschätzen – *noch bevor es zu einem Ausbruch kommt*. Sie wird im Alltag zu einem Gesprächseinstieg ohne Worte.

So baust du sie:

- Nimm ein großes Blatt Papier oder drei Tonkarton-Kreise in **Rot**, **Gelb** und **Grün**.

- Klebe sie übereinander auf oder befestige sie nebeneinander an der Wand.

- Jedes Familienmitglied bekommt einen eigenen Marker: z. B. eine Wäscheklammer mit Namen, einen bemalten Stein oder einen Magnet.

- Täglich (z. B. morgens oder nach dem Kindergarten) wird gemeinsam „angeklickt": *Wo stehst du heute?*

Bedeutung der Farben:

- **Grün:** Ich bin ruhig, entspannt und bereit.

- **Gelb:** Ich bin angespannt, brauche Rücksicht oder Nähe.

- **Rot:** Ich bin überfordert – bitte lass mir Zeit oder hilf mir.

Wichtig: Kein Zustand ist „schlecht".

Rot zu sein ist nicht falsch – es ist ehrlich. Die Ampel schafft Sichtbarkeit, keine Bewertung.

Auch du als Mutter oder Vater darfst mitmachen.
Dein Marker darf ruhig mal auf „gelb" stehen – denn genau das ist echte Vorbildfunktion.

---

3. 10 Lieblingsimpulse für unterwegs

Stress im Auto? Lange Schlange im Supermarkt?
Geschwisterstreit im Wartezimmer?
Diese kleinen Impulse helfen sofort – *kurz, wirkungsvoll, kindgerecht.*

1. **Fingeratmung:** Mit dem Finger die Konturen der anderen Hand nachfahren – einatmen rauf, ausatmen runter.

2. **Wortzauber:** „Was ist dein Zauberwort heute?" – z. B. „Ruhe", „Mut", „Witzig".

3. **Der unsichtbare Ballon:** Kind stellt sich vor, es pustet einen Luftballon auf – groß, größer, platzt fast ... und lässt ihn wieder los.

4. **Hand auf Herz:** Gemeinsames „Herz spüren" – ein Moment echter Verbindung.

5. **Stopp-Ritual:** Hand heben, „Stopp" sagen – alle frieren ein. Dann bewusst weiter.

6. **Mini-Mantra:** „Ich bin ruhig. Ich bin stark. Ich bin hier." – gemeinsam murmeln.

7. **Körper-Wackler:** „Wackel alles raus!" – einmal alles durchschütteln.

8. **Riechpause:** „Was kannst du riechen?" – z. B. Jacke, Tasche, Gummibärchen ...

9. **Bodenfühlung:** „Spür mal deine Füße – wie fest sie auf dem Boden stehen."

10. **Gedankenspiel:** „Wenn dein Gefühl jetzt ein Tier wäre –
welches wäre es?"

Alle Übungen dauern unter zwei Minuten – und bringen *ein bisschen mehr Kontrolle in herausfordernden Momenten.*

4. Unsere Buchempfehlungen zur Vertiefung

Nur echt gute Bücher – keine Werbung, keine Kooperation.
Diese Titel unterstützen dich dabei, dich weiter zu stärken oder
mit deinem Kind spielerisch ins Gespräch zu kommen.

Für Kinder:

- **„Heute bin ich"** – Mies van Hout: Gefühle als Fische,
  genial einfach

- **„Das Farbenmonster"** – Anna Llenas: Emotionen in
  Farben erklärt

- **„Wie geht es dir, kleiner Bär?"** – Kinderbuch über
  Gefühlswahrnehmung

Für Eltern:

- **„Gefühle sind wie Wolken"** – Jesper Juul (kurz, tief, klar)

- **„Achtsamkeit mit Kindern"** – Claudia Nentwig:
  Alltagstaugliche Impulse

- **„Warum unsere Kinder einfühlsame Eltern brauchen"** –
  Herbert Renz-Polster

Literaturverzeichnis

Ahnert, L. (2019): *Wozu Kinder Bindung brauchen*. C.H. Beck.

Brack, K. (2021): *Komm runter! Wie dein Kind mit Stress und starken Gefühlen besser umgeht*. Beltz.

Fröhlich-Gildhoff, K. & Rönnau-Böse, M. (2017): *Resilienz – Widerstandsfähigkeit von Kindern fördern*. Herder.

Juul, J. (2009): *Dein kompetentes Kind*. Beltz.

Largo, R. (2018): *Kinderjahre: Die Individualität des Kindes als erzieherische Herausforderung*. Piper.

Nentwig, C. (2020): *Achtsamkeit mit Kindern*. GU Verlag.

Renz-Polster, H. (2021): *Erziehung prägt Gesinnung – Was unsere Kinder über Demokratie lernen müssen*. Kösel.

Spitzer, M. (2020): *Stress: Warum wir unter Druck stehen und wie wir damit umgehen*. Droemer.

Ulrich, S. (2023): *Gefühlsstarke Kinder verstehen und begleiten*. Kösel.

Wustmann, C. (2010): *Resilienz: Grundlagen und praktische Anwendung*. Springer VS.